AF322571

A EQUAÇÃO DO FUTURO:

Equilíbrio entre a Humanidade e a Tecnologia

Uma Coleção de Ensaios

pela

Revista Mekiki

Publicado por

LETRAS AUSENTES

ISBN: 979-8-89214-000-3

Título: A Equação do Futuro: Equilíbrio entre Humanidade e Tecnologia

Autor: Mekiki

Editor: I. Calheiros

Capa do livro por: Álvaro Oliveira para a Mekiki Magazine

Design gráfico: Álvaro Oliveira para Mekiki Magazine

Tradutor: Ingrid Seabra

Publicado pela primeira vez em português em 2023 por Letras Ausentes Unipessoal Lda.

LETRAS AUSENTES

Índice

O Estado Atual da Humanidade

Ao contemplar o estado do nosso mundo, é essencial sublinhar o paradoxo que define a nossa era. Este antagonismo reside nos avanços notáveis que alcançámos na ciência e na tecnologia e nas profundas fissuras sociais que aumentam simultaneamente. É nesta dissonância entre progresso e divisão que se encontra o cerne da nossa exploração.

Vivemos numa era de inovação sem precedentes. Há uma sensação palpável de mudança no ar — uma espécie de metamorfose que a humanidade não experimentou em épocas anteriores. A inteligência artificial (IA), outrora um conceito relegado para o domínio da ficção científica, está a tornar-se parte integrante da nossa vida quotidiana. Estamos a aproveitar o poder do átomo, a mergulhar nos mistérios do genoma humano e a perscrutar os confins do espaço com uma clareza cada vez maior.

No entanto, por detrás deste verniz de progresso, debatemo-nos com uma série de questões complexas e interligadas. A nossa sociedade global debate-se com uma desigualdade crescente, lutando para conciliar a abundância de riqueza com uma pobreza profundamente enraizada. As alterações climáticas, um espetro da nossa criação, surgem de forma ameaçadora, pondo em causa a nossa sobrevivência coletiva. A importância das preocupações com a privacidade e a segurança está a tornar-se cada vez mais clara num mundo em que a rede digital criou uma sociedade hiperconectada.

Esta é a justaposição que define o nosso tempo: um mundo à beira de um potencial sem precedentes e de um fracasso catastrófico. É um ato de equilíbrio delicado, e como escolhermos agir agora irá moldar o curso da humanidade para as gerações vindouras.

A nossa exploração não é académica. Estamos a procurar uma compreensão que vá para além da superfície, mergulhando no coração dos nossos desafios e possibilidades. Isto exige uma análise rigorosa e uma procura do "o porquê" que está subjacente ao "quê".

Estamos à procura de uma imagem abrangente e completa que possa servir de base a uma ação significativa.

Ao olharmos através das lentes de várias disciplinas — tecnologia, política, sociologia, etc. — esperamos obter conhecimentos que sirvam de base a esta compreensão. O objetivo final não é simplesmente pintar um quadro do estado atual da humanidade, mas desencadear um discurso que nos possa guiar para um futuro melhor.

Nesta dança complexa entre o progresso e o desafio, entre a inovação e as consequências, encontramos a narrativa do nosso tempo. As nossas ações e escolhas continuam a influenciar e a moldar esta história contínua à medida que ela se desenrola. Convidamo-lo a juntar-se a nós nesta viagem de exploração, à medida que exploramos mais a fundo o intrincado, por vezes perturbador, mas sempre fascinante reino da nossa humanidade partilhada.

O Impacto das Tecnologias Emergentes e os Desafios Globais

Encontramo-nos num ponto de inflexão em que a marcha incessante da tecnologia se cruza com a formidável paisagem dos desafios globais. Esta encruzilhada constitui o palco onde será decidido o futuro da humanidade, e os seus atores são as tecnologias emergentes e os problemas cada vez mais complexos do nosso mundo.

Considere-se o poder transformador da inteligência artificial (IA), que está a moldar indústrias, a racionalizar processos e a acelerar a investigação. Uma maravilha do engenho humano, a IA tem o potencial de impulsionar uma eficiência sem precedentes e de quebrar as fronteiras do conhecimento. No entanto, também suscita sérias questões éticas relativamente à deslocação de postos de trabalho, à privacidade e à própria natureza das interações homem-máquina. O nosso desafio não é determinar se a IA pode progredir, mas decidir como deve progredir, que princípios morais devem ser respeitados e quais os interesses que devem ser servidos.

Do mesmo modo, a realidade virtual (RV) estende a sua mão imersiva para além do entretenimento, chegando à educação, à terapia e à formação profissional. A capacidade da RV para ultrapassar as divisões geográficas e criar experiências empáticas é poderosa. No entanto, surgem preocupações quanto aos efeitos psicológicos, ao isolamento social e ao potencial de utilização incorreta na disseminação de desinformação ou propaganda.

No domínio da biotecnologia, a nossa capacidade de editar o código genético coloca-nos no limiar da erradicação de doenças hereditárias e do aumento da segurança alimentar. No entanto, também abre uma caixa de Pandora de implicações éticas, desde o perigo de criar desigualdade genética até às consequências imprevistas da biodiversidade.

Paralelamente à ascensão da tecnologia, o espetro dos desafios globais projeta uma longa sombra. As alterações climáticas, produto das nossas proezas industriais, ameaçam tanto os ecossistemas como as sociedades humanas. O avanço da automatização mina a estabilidade social ao aumentar a desigualdade de rendimentos. Os riscos de cibersegurança, impulsionados pela nossa conetividade cada vez maior, ameaçam a privacidade pessoal e a segurança nacional.

Assim, encontramo-nos numa dança de progresso e perigo. As tecnologias emergentes prometem benefícios extraordinários, mas também amplificam os desafios atuais e trazem novos dilemas. Entretanto, os nossos problemas globais exigem uma ação urgente, mas também apresentam oportunidades para soluções tecnológicas.

O que se torna então evidente é a necessidade de uma abordagem cuidadosamente ponderada. Uma abordagem que equilibre a promessa da tecnologia com um profundo respeito pelas potenciais ramificações e que veja os desafios globais não como obstáculos intransponíveis, mas como catalisadores da inovação e da cooperação.

A viagem para compreender o estado atual da humanidade depende deste delicado ato de equilíbrio. À medida que desvendamos as complexidades de cada tema, estaremos atentos às suas interligações e aos efeitos em cascata que ligam a tecnologia, a sociedade e o nosso futuro coletivo. Esta compreensão servirá não só como um mapa de onde estamos, mas também como uma bússola, orientando-nos para onde devemos aspirar.

Objetivo do Livro

Ao refletirmos sobre os contornos em rápida mudança do nosso mundo, o objetivo deste volume é triplo. Em primeiro lugar, procura examinar a grande tapeçaria do nosso tempo para compreender os fios da tecnologia emergente e as dificuldades globais que se entrelaçam para moldar a nossa existência coletiva. Em segundo lugar, procura suscitar o debate, provocar o pensamento e encorajar a avaliação crítica da nossa trajetória atual. Em terceiro lugar, aspira a inspirar, e não a desanimar, pintando um quadro de potenciais futuros pelos quais nos podemos esforçar.

O diálogo sobre o nosso estado atual é abundante, mas frequentemente compartimentado. As discussões sobre tecnologia existem numa esfera, e os debates sobre questões globais existem noutra. Este livro atreve-

-se a atravessar estas fronteiras, explorando as interligações entre estas esferas e como se influenciam e moldam mutuamente.

Nesta exploração, pesquisamos as possibilidades e os dilemas da inteligência artificial. Percorremos a paisagem da biotecnologia, equilibrando as suas promessas com as considerações éticas que suscita. Examinamos o papel da privacidade e da cibersegurança na nossa era hiperconectada e a linha ténue entre a segurança e a erosão das liberdades pessoais. E analisamos o desafio multifacetado das alterações climáticas, a nossa responsabilidade em relação a elas e as transformações radicais que podem exigir de nós.

Mas esta exploração não pretende ser um exercício passivo. Pelo contrário, é um apelo ao envolvimento no discurso e à contemplação das implicações destas tecnologias e desafios. As questões colocadas não são retóricas, mas reais. As suas respostas não estão predeterminadas, mas aguardam a nossa decisão coletiva.

Além disso, o objetivo deste livro não é prever a desgraça ou incitar ao medo. Em vez disso, procura inspirar e dar uma imagem do que poderia ser se navegássemos neste terreno complexo com sabedoria, empatia e previsão. O livro afirma que, embora os problemas sejam imensos, também o são as nossas capacidades de inovação, adaptabilidade e resiliência.

O objetivo deste livro é contribuir para a criação de um mundo que, confrontado com mudanças e desafios importantes, opte por uma evolução consciente. Uma compreensão mais profunda dos fios que formam o nosso presente guia-nos na construção de um futuro que seja inclusivo, sustentável e centrado no ser humano. Esta é uma busca não só de compreensão, mas também de imaginação e aspiração. E é uma viagem na qual o convidamos a juntar-se a nós.

A ascensão da Tecnologia: Inteligência Artificial

A inteligência artificial, um conceito outrora relegado para o domínio da ficção científica, é agora parte integrante da nossa vida quotidiana. Este capítulo tenta explicar a essência deste profundo avanço tecnológico e o seu impacto global na sociedade.

Estamos no início de uma nova era, marcada por rápidos avanços na inteligência artificial. Quer se trate de carros autónomos que percorrem as ruas das nossas cidades ou de assistentes virtuais que gerem os nossos horários diários, a inteligência artificial surgiu como uma força transformadora no mundo moderno. No entanto, esta ascensão da IA levanta tantas questões como respostas.

O advento da IA abriu oportunidades sem paralelo tanto para as empresas como para os indivíduos. Redefiniu a nossa produtividade, permitindo-nos analisar grandes quantidades de dados com uma velocidade e precisão impressionantes, transformando sectores que vão dos cuidados de saúde às finanças, da educação aos transportes. No entanto, temos de enfrentar a dura realidade de que estas máquinas, alimentadas por algoritmos complicados, podem tornar redundantes muitos empregos tradicionais.

A IA também invadiu a nossa vida pessoal, com algoritmos que preveem as nossas preferências, gerem os nossos horários e até influenciam as nossas decisões. Isto suscita questões pertinentes sobre o equilíbrio entre conveniência e privacidade. Estaremos a sacrificar a nossa autonomia e privacidade no altar da comodidade proporcionada pela IA? A resposta, como acontece frequentemente com fenómenos complexos, não é clara.

A nossa interação com a IA também desencadeia questões filosóficas mais profundas sobre o que significa ser humano. À medida que as máquinas tornam-se cada vez mais capazes de replicar e até ultrapassar a inteligência humana, somos obrigados a reavaliar a nossa compreensão da cognição, da consciência e da condição humana.

Na sua essência, a inteligência artificial é um farol das nossas proezas tecnológicas e um testemunho da nossa busca incessante pela inovação. Também serve para nos lembrar dos dilemas que enfrentamos nesta era de rápidos avanços tecnológicos. Enquanto nos esforçamos por aproveitar o imenso potencial da IA, temos também de abordar as questões éticas, sociais e filosóficas que levanta, garantindo um futuro em que a tecnologia sirva a humanidade e não o contrário.

Nos próximos ensaios, vamos explorar como a IA está a mudar o nosso mundo e pensar como podemos navegar nesta paisagem complexa.

Ensaio 1

A Evolução e o Futuro da IA

No coração do avanço da nossa era digital pulsa uma força de extraordinário potencial – a inteligência artificial. Nascida da imaginação humana e refinada pelo nosso incessante impulso para o crescimento, a IA evoluiu de um conceito teórico para uma força transformadora.

O progresso da IA começou com raízes humildes na década de 1950, uma semente plantada no terreno fértil da teoria matemática e da ciência da computação. No entanto, as limitações tecnológicas e a enorme complexidade da simulação da inteligência humana atenuaram a sua promessa inicial. Nos anos que se seguiram, assistiu-se a uma montanha-russa de progressos e retrocessos, períodos de otimismo conhecidos como "primaveras da IA" intercalados com "invernos da IA" de desilusão.

O século XXI trouxe consigo uma explosão de poder computacional e de dados - a força vital da IA - que a fez sair do seu inverno. Em resultado dos avanços nas redes neuronais e do aumento do poder computacional, a aprendizagem automática e, subsequentemente, a aprendizagem alargada passaram para a linha da frente. Esta nova vaga de IA, designada por "IA estreita", destacou-se em tarefas específicas, desde o reconhecimento de voz à análise de imagens, transformando as indústrias e a vida quotidiana.

Olhando para o futuro, a progressão da IA promete uma era de "inteligência artificial geral" (IAG), em que a IA pode executar qualquer tarefa cognitiva equivalente à de um ser humano. A visão é a de sistemas que compreendem, aprendem, se adaptam e implementam conhecimentos numa vasta gama de tarefas, o que representa um avanço em relação à nossa atual "IA estreita". Este salto teria implicações sérias, abrindo portas a melhorias inimagináveis, mas também colocando questões éticas, sociais e existenciais substanciais.

Os benefícios prováveis são imensos. A IAG poderia revolucionar os cuidados de saúde, fornecendo planos de tratamento personalizados ou ajudando em cirurgias complexas. Poderá acelerar a investigação em domínios que vão desde as ciências climáticas à física quântica. Poderá melhorar a educação, oferecendo experiências de aprendizagem individualizadas.

No entanto, o aparecimento da IAG também levanta grandes desafios. O risco de deslocação de postos de trabalho pode aumentar a desigualdade social. As preocupações com a privacidade e o controlo podem aumentar. O potencial de utilização indevida em áreas como as armas autónomas é profundamente preocupante. Há também questões filosóficas sobre o significado destes avanços para a nossa compreensão da inteligência, da consciência e do nosso lugar no universo.

Ao navegar pelo futuro da IA, enfrentamos um ato de equilíbrio delicado. Trata-se de um percurso que visa a concretização da promessa única que a IA encerra, ao mesmo tempo que é percorrido com grande cautela. Uma viagem para ultrapassar os limites do que é tecnologicamente possível e, ao mesmo tempo, questionar o que é eticamente aceitável e socialmente desejável.

O crescimento e o futuro da IA colocam-nos assim perante um desafio único. O caminho que escolhermos face a este desafio determinará não só o futuro da IA, mas também o futuro da própria humanidade. É um caminho que exige de nós não só proezas tecnológicas, mas também sabedoria profunda, ponderação ética e tomada de decisões coletivas. À medida que continuamos a explorar a IA, fazemo-lo com uma consciência profunda da sua complexidade e da profunda responsabilidade que coloca sobre os nossos ombros.

Ensaio 2
Desafios Éticos Colocados pela IA

A revolução digital representa um desafio em termos de considerações humanas. Como bússola para navegar neste terreno, a nossa discussão incide sobre os desafios éticos inerentes à narrativa da inteligência artificial.

O primeiro dilema gira em torno da responsabilidade. Num mundo movido a IA, a determinação da responsabilidade pelas decisões tomadas ou pelas ações empreendidas por sistemas autónomos torna-se obscura. Se um veículo soberano, ensinado a tomar decisões numa fração de segundo, causar danos, quem deve ser responsabilizado? O programador? O fabricante? Ou o próprio sistema de IA? Esta falta de responsabilidade clara pode levar a enigmas morais e legais.

A IA também se debate com questões de parcialidade e justiça. Os algoritmos de aprendizagem automática são tão imparciais quanto os dados com que são treinados. Se os dados de treino tiverem preconceitos, a IA adotará inerentemente esses preconceitos, conduzindo a resultados discriminatórios em áreas como a contratação, a aplicação da lei e a aprovação de empréstimos.

Um terceiro desafio envolve a privacidade e a vigilância. Numa época em que as estatísticas são o novo petróleo, o apetite voraz da IA por informação pode levar a uma erosão da privacidade pessoal. O surgimento de tecnologias de reconhecimento facial e de policiamento preditivo, embora potencialmente benéfico, pode igualmente dar origem a uma realidade distópica de vigilância e intrusão injustificadas.

O potencial da IA e da automatização para perturbar o mercado de trabalho levanta ainda outro desafio. Como a IA pode realizar tarefas cada vez mais complexas, muitos empregos podem tornar-se redundantes, agravando as desigualdades económicas. Equilibrar a necessidade de progresso com o potencial de deslocação generalizada de postos de trabalho constitui um enigma complexo.

Finalmente, o potencial da IAG - uma IA que iguala ou ultrapassa o intelecto humano — também coloca dilemas significativos. A IAG terá direitos? Como garantimos que esses sistemas se alinham com os valores e prioridades humanos? E como mitigamos o risco de uma IA "superinteligente" que possa representar um risco existencial para a humanidade?

Enfrentar estes desafios exigirá não só perspicácia técnica, mas também uma reflexão profunda, um discurso público informado e a elaboração de políticas criteriosas. Garantir que a IA serve o bem coletivo em vez de amplificar as desigualdades existentes ou criar é uma tarefa crítica. Temos de perguntar não só o que a IA pode fazer, mas também o que deve fazer.

Concluindo, os desafios colocados pela IA são tão vastos quanto intrincados. Exigem uma resposta ponderada e consertada de todas as partes interessadas — desde decisores políticos e tecnólogos a educadores e cidadãos. À medida que avançamos na era da IA, a nossa capacidade de enfrentar estes desafios moldará significativamente o mundo que estamos construindo para nós e para as gerações futuras.

Ensaio 3

A IA e a Deslocação de Postos de Trabalho

Na crónica contínua da inovação tecnológica humana, poucos capítulos suscitam tanta apreensão como a capacidade da inteligência artificial (IA) para deslocar postos de trabalho. A fusão de uma IA sofisticada com mecanismos de automação intrincados poderá transformar drasticamente a paisagem da produção, do trabalho e do emprego.

Em primeiro lugar, é crucial discernir que a deslocação pela IA não está uniformemente distribuída por sectores ou regiões. Os empregos compostos por tarefas altamente repetitivas ou os que exigem grandes capacidades de processamento de dados são mais suscetíveis. Em contrapartida, as funções que exigem criatividade, inteligência emocional ou resolução de problemas complexos são menos suscetíveis de sofrer uma mudança imediata.

No entanto, o fascínio da eficiência e da maximização dos lucros pode levar as empresas a automatizar até os empregos semiqualificados. O Fórum Económico Mundial estima que, até 2025, as máquinas e a IA desempenharão mais funções do que os seres humanos no local de trabalho. O poder transformador da IA pode amplificar as desigualdades sociais e económicas existentes, sendo as pessoas que desempenham funções menos qualificadas afetadas de forma desproporcionada.

Temos de refletir sobre as capacidades do subemprego induzido pela IA. Mesmo que a IA não substitua totalmente a atividade humana, pode diminuir a procura de certas competências, conduzindo à degradação da carreira. Além disso, se a proliferação da IA conduzir a uma abundância de trabalhadores, os empregadores poderão aproveitar este facto para suprimir os salários, agravando a desigualdade de rendimentos.

No entanto, é essencial reconhecer que a IA também pode gerar novas oportunidades de emprego. À medida que a IA e a automação se integram cada vez mais nas nossas economias, haverá uma procura crescente de profissionais capazes de desenvolver, manter e gerir estas tecnologias. A IA poderá libertar os trabalhadores das tarefas quotidianas, proporcionando-lhes possibilidades de trabalho mais significativas.

Por fim, a interação entre a IA e a deslocação do emprego é complexa e multifacetada. Não se trata apenas de saber quantos empregos se perderão, mas também de saber como o trabalho, enquanto construção social, se transformará. À medida que continuamos a aproveitar o poder da IA, temos de criar estratégias que mitiguem a potencial deslocação do trabalho, investir na requalificação e construir uma economia que valorize todas as formas de trabalho. É através desta abordagem ponderada que podemos garantir um futuro no qual os humanos e a IA atuam em conjunto e não em concorrência...

Ensaio 4

A IA nos Cuidados de Saúde

A inteligência artificial nos cuidados de saúde é talvez uma das ilustrações mais significativas da capacidade da tecnologia para revolucionar os sectores. No centro desta transformação está uma aspiração louvável: melhorar os resultados para os doentes, aumentar a acessibilidade e melhorar a eficiência dos sistemas de saúde em todo o mundo.

O impacto da IA no diagnóstico de doenças já é profundo, com algoritmos de aprendizagem automática capazes de identificar padrões complexos em imagens médicas, como tomografias computorizadas ou ressonâncias magnéticas, que podem iludir até os médicos mais experientes. Estes sistemas de IA oferecem o potencial de deteção precoce de doenças potencialmente fatais, como o cancro ou as doenças cardíacas, aumentando assim as taxas de sobrevivência e reduzindo os custos associados a tratamentos tardios.

A IA também tem o potencial de transformar os cuidados de saúde prestados aos doentes, em particular com o aumento da telemedicina e da monitorização remota dos doentes. Os assistentes de saúde virtuais com IA podem prestar apoio permanente, responder a perguntas dos doentes, fornecer lembretes de medicação e até monitorizar os parâmetros de saúde dos doentes. Estas aplicações de IA podem reduzir a carga dos prestadores de cuidados de saúde e facilitar uma melhor adesão dos doentes aos planos de tratamento.

Porém, no meio destes avanços promissores, surgem vários desafios éticos e práticos significativos. Um dos mais prementes é a privacidade dos dados. Com a IA a necessitar de grandes quantidades de dados dos doentes para funcionar eficazmente, o risco de violações de dados ou de utilização indevida de informações pessoais de saúde é uma preocupação genuína.

Não obstante, no caso de um sistema de IA cometer um erro médico, coloca-se também a questão da responsabilidade. Quem é responsável nesses casos - o prestador de cuidados de saúde, o criador da IA ou o próprio sistema de IA? A resolução destas questões é imperativa para uma utilização segura e justa da IA nos cuidados de saúde.

Por último, confiar demasiado na IA nos cuidados de saúde pode diminuir a importância do contacto humano, que é uma parte fundamental dos cuidados aos doentes. O equilíbrio entre a tecnologia e a interação humana é vital para o desenvolvimento e a aplicação da IA nos cuidados de saúde.

A IA tem a capacidade de dar início a uma nova era de cuidados de saúde — mais eficiente, precisa e personalizada. No entanto, temos de enfrentar os desafios que a acompanham, concentrando-nos no bem-estar dos doentes, nas normas éticas e no acesso justo a estes avanços. Só então poderemos aproveitar plenamente o poder transformador da IA nos cuidados de saúde.

Ensaio 5

A RV para Além dos Jogos

Na mente do público, a realidade virtual (RV) pode ser sinónimo de experiências de jogo imersivas. No entanto, a RV vai muito para além da mais recente busca num cenário digital. O sector da educação está a ser revolucionado pela RV, oferecendo novas vias de interação e expandindo as nossas potencialidades como nunca.

Na esfera da educação, a RV está pronta para revolucionar a aprendizagem. Em vez de os alunos lerem passivamente sobre o Império Romano ou a biologia molecular, podem explorar estes mundos diretamente através da RV. Este método pode facilitar uma compreensão e retenção mais profundas da informação, tornando a educação um processo ativo e não passivo. É uma perspetiva emocionante em que a sala de aula não tem fronteiras e a aprendizagem experimental é acessível a todos, independentemente da localização geográfica.

Também os cuidados de saúde estão compreendendo o poder da RV. Os cirurgiões podem agora praticar procedimentos complexos utilizando a RV antes de efetuarem operações reais, melhorando as suas competências e reduzindo o risco para os pacientes. Do mesmo modo, a RV é utilizada na terapia física e psicológica, auxiliando os pacientes a recuperar de lesões ou a lidar com problemas de saúde mental em ambientes virtuais seguros e controlados. Nos sectores da arquitetura e do imobiliário, a RV permite a visualização realista, em 3D, de edifícios e casas que ainda não foram construídos. Esta tecnologia não só ajuda os arquitetos a visualizarem os seus projetos de forma mais eficaz, como também permite que os compradores experimentem uma propriedade como se estivessem fisicamente presentes, ajudando assim o seu processo de decisão.

Embora estes avanços tracem um quadro brilhante para o futuro da RV, temos também de enfrentar uma série de desafios. O elevado custo da tecnologia de RV pode limitar a sua acessibilidade, aprofundando o fosso automatizado. Tal como acontece com qualquer automação, há impactos na saúde e considerações a ter em conta, particularmente no que respeita à utilização prolongada e à provável dependência da RV.

Em suma, consideramos que a viagem da RV através dos jogos está apenas a começar. As utilizações são transformadoras e incontáveis, sugerindo um futuro em que a nossa relação com o mundo eletrónico se tornará mais fluida. É importante garantir que a utilização da RV seja ética, razoável e concebida para o bem da humanidade à medida que avançamos.

Ensaio 6

RV e Interação Social

Muitas vezes, quando pensamos em Realidade Virtual (RV), a imagem que surge é solitária — uma pessoa desligada do que a rodeia, imersa num mundo só seu. No entanto, esta imagem não resume toda a história. O verdadeiro poder da RV pode não ser a sua capacidade de isolar, mas sim de ligar, oferecendo novos espaços de interação social que encerram tanto um enorme potencial como desafios complexos.

Através da RV, podemos construir comunidades digitais sem restrições geográficas. Estes espaços permitem aos utilizadores interagir em ambientes inacessíveis no mundo físico. As implicações são especialmente profundas para as pessoas com deficiência ou que não podem sair de casa. Com a RV, podem assistir a concertos, encontrar-se com amigos em locais exóticos ou até voltar a andar, ainda que virtualmente.

Além disso, a capacidade da RV em contextos profissionais é notável. O trabalho à distância tem-se tornado cada vez mais frequente e a RV pode transformá-lo ainda mais. Imagine um espaço de trabalho digital imersivo onde trabalhadores isolados colaboram como se estivessem na mesma sala — a fazer brainstorming num quadro branco automatizado ou a explorar modelos 3D do mais recente "design" de produto. Isto poderia aumentar a produtividade e atenuar o isolamento frequentemente associado ao trabalho remoto.

No entanto, enquanto celebramos as capacidades da RV nas interações comunitárias, não devemos ignorar os problemas emergentes. Surge a questão da autenticidade - pode um abraço virtual substituir um abraço real? Embora a RV possa criar uma sensação de presença, há aspetos da interação física que não pode reproduzir - pelo menos por enquanto.

Existe o risco de a RV se tornar um substituto, em vez de um suplemento, do contacto cara a cara. A possibilidade de "dependência da RV" e o seu impacto na saúde mental devem ser cuidadosamente explorados e monitorizados. É também essencial compreender que, embora a RV possa ligar-nos através dos continentes, pode também exacerbar o fosso digital entre os que têm acesso a essa tecnologia e os que não têm.

Os efeitos da RV na interação pública estão apenas a começar a revelar-se. Embora existam dificuldades, o potencial da RV para enriquecer as nossas vidas é enorme. Estamos no limiar de uma nova fronteira na interação humana, onde temos de equilibrar os avanços tecnológicos com a preservação dos aspetos humanos da ligação.

Ensaio 7

A RV e a Saúde Mental:
Potencialidades e Armadilhas

A Realidade Virtual (RV) abre novas e vastas fronteiras no tratamento da saúde mental. As suas qualidades imersivas permitem-nos recriar, compreender e manipular terapeuticamente os complexos estados cognitivos e emocionais que estão na base das perturbações da saúde mental.

Uma das aplicações mais promissoras da RV é a terapia de exposição, especialmente para indivíduos que lidam com fobias ou perturbações de "stress" pós-traumático (PTSD). Ao recriar situações desencadeantes num ambiente controlado, a RV permite que os terapeutas exponham os seus pacientes a estímulos indutores de medo, promovendo a resiliência ao longo do tempo. O mundo dentro dos auscultadores de RV é simultaneamente suficientemente genuíno para provocar reações genuínas e suficientemente artificial para proporcionar uma rede de segurança.

Para além do tratamento, a RV tem o potencial de treinar competências de regulação emocional. As técnicas de gestão do "stress", como a atenção plena, podem ser ensinadas em ambientes imersivos, aumentando a sua eficácia. Imagine um doente com ansiedade a aprender exercícios de respiração profunda numa praia calma e virtual. O ritmo respiratório e o ritmo cardíaco são monitorizados e integrados na experiência de RV para fornecer feedback em tempo real.

Mas à medida que nos aventuramos neste admirável mundo novo da terapia digital, temos também de estar cientes das armadilhas. Por muito que a RV possa ajudar a tratar problemas de saúde mental, pode, se utilizada de forma irresponsável, contribuir para os mesmos. Temos de conhecer o risco de utilização excessiva ou mesmo de dependência dos ambientes de RV. Embora a RV possa facilitar a cura, também pode ser potencialmente utilizada para infligir danos psicológicos. Temos de nos debruçar sobre estas implicações éticas para evitar os efeitos adversos da tecnologia de RV na saúde mental.

Ensaio 8

A RV nos Futuros Locais de Trabalho: Perspetivas e Desafios

A realidade virtual (RV), outrora um domínio da ficção científica, está tornando-se cada vez mais uma faceta interessante da nossa realidade quotidiana. Para além do seu papel bem estabelecido nos jogos e no entretenimento, a RV tem um potencial considerável para revolucionar o local de trabalho moderno.

Numa época em que o trabalho remoto é mais comum, a RV pode replicar e até melhorar a experiência da presença física. Imagine colocar um auricular de RV e entrar numa sala de reuniões a meio mundo de distância, interagindo com os colegas como se fosse pessoalmente. Ou talvez a utilização da RV para recriar os encontros fortuitos de um ambiente de escritório - aqueles encontros casuais na máquina de café - possa estimular a inovação.

Outra aplicação fascinante da RV situa-se no domínio da formação. Por exemplo, os estudantes de medicina poderiam efetuar cirurgias em ambientes gerados por computador, cometendo erros sem consequências terríveis, antes de passarem a pacientes reais. Os bombeiros e os engenheiros poderiam utilizar simulações virtuais para praticar a extinção de incêndios e a gestão de reatores nucleares. Ao mesmo tempo que encaramos estas perspetivas excitantes, não podemos ignorar as provações que as acompanham. Uma das preocupações centrais é o efeito da RV na psique humana. A exposição prolongada a mundos simulados pode afetar o nosso sentido da realidade, com resultados que ainda não são compreensíveis. A confusão entre o real e o virtual poderá conduzir a dissonâncias cognitivas ou mesmo a perturbações psicológicas? O impacto da utilização prolongada da RV na saúde física, nomeadamente na visão e na postura, é outro aspeto crítico que merece atenção.

Em segundo lugar, a privacidade e a segurança dos dados são questões importantes. Se os nossos postos de trabalho tornarem-se virtuais, o que acontecerá à segurança das informações sensíveis? À medida que as nossas interações com os colegas passam para plataformas de RV, precisamos de sistemas robustos para proteger o nosso sigilo e garantir a integridade dos dados.

Em terceiro lugar, temos de considerar o risco de um fosso digital cada vez maior. À medida que a tecnologia de RV se torna parte integrante das organizações, aqueles que não têm acesso arriscam a serem deixados para trás, exacerbando as desigualdades existentes.

A realidade virtual está preparada para remodelar os nossos sistemas de formas que só agora começamos a compreender. Promete maior flexibilidade, maior colaboração e experiências de formação imersivas. No entanto, os problemas que apresenta são substanciais e não podem ser descartados de ânimo leve. À medida que avançamos para este novo território, é imperativo navegar nestas águas com previsão e cuidado, assegurando que os nossos futuros locais de trabalho sejam inclusivos, seguros e conducentes ao florescimento humano.

Implicações sociais: privacidade e cibersegurança

Na nossa era digital, a fronteira entre os domínios público e privado é cada vez mais fluida. A facilidade de acesso à informação e a natureza interligada das nossas vidas suscitaram novas preocupações, nomeadamente em relação à privacidade e à cibersegurança.

A natureza omnipresente da Internet revolucionou como comunicamos, como trabalhamos e como acedemos à informação. No entanto, a contrapartida é que as nossas pegadas digitais - vestígios das nossas identidades, comportamentos, preferências e atividades - estão agora espalhadas pela paisagem digital, expostas ao olhar de empresas e governos.

Nesta era de grandes volumes de dados, estes fragmentos do nosso "eu" digital são mais do que mera informação; são mercadorias valiosas. As empresas recolhem e processam estes dados para prever os nossos comportamentos, adaptar as nossas experiências e até influenciar as nossas decisões. Os governos utilizam-nos para melhorar os serviços públicos, manter a segurança e, por vezes, exercer controlo. À medida que as nossas vidas tornam-se cada vez mais digitalizadas, coloca-se a questão: qual é o nosso direito à privacidade?

Simultaneamente, estamos também a enfrentar ameaças crescentes no domínio da cibersegurança. À medida que dependemos cada vez mais das redes digitais, desde os nossos sistemas bancários às nossas redes elétricas, tornamo-nos mais vulneráveis a ciberataques. Violações de dados, usurpo de identidade e ataques de "ransomware" - estes já não são apenas temas de ficção, mas realidades que milhões de pessoas enfrentam.

A nossa crescente dependência de sistemas interligados aumentou o risco e o potencial impacto dos ciberataques. Uma única violação pode levar a perturbações generalizadas, afetando indivíduos, empresas e nações. Por conseguinte, a importância de medidas sólidas de cibersegurança não pode ser subestimada.

Todavia, não se trata apenas de soluções tecnológicas. Temos também de nos confrontar com as dimensões sociais e éticas destes encontros. Na nossa busca de segurança, qual o grau de isolamento pessoal que estamos dispostos a sacrificar? Como podemos garantir que as nossas respostas às ciberameaças não infringem os nossos direitos e liberdades?

Nos ensaios seguintes, iremos aprofundar estas questões. Exploraremos as complexidades da manutenção da privacidade num mundo cada vez mais interligado, os desafios e estratégias para garantir a cibersegurança e os dilemas éticos que enfrentamos ao navegar neste delicado equilíbrio. Ao fazê-lo, pretendemos promover uma compreensão mais profunda destas preocupações prementes e incentivar um debate refletido sobre a forma de as resolver.

Ensaio 9

A Privacidade na Era dos Grandes Dados: Uma Fronteira Inexplorada

O advento da era digital, especificamente a era dos grandes volumes de dados, apresenta um enigma complexo na nossa busca de privacidade. Cada clique, cada deslize e cada interação em linha deixa um rasto de informação - migalhas de pão espalhadas no vasto deserto do ciberespaço.

Esta criação constante de especificações, aparentemente inofensivas, contribui para uma descrição complexa, baseada na "Web", dos nossos hábitos, preferências e comportamentos. As empresas, os governos e as instituições de investigação utilizam estes perfis para moldar as nossas experiências, formular políticas e até prever as nossas ações futuras.

As vantagens do megadados são inegáveis. A sua aplicação impulsionou avanços em muitos domínios, desde os cuidados de saúde, onde os modelos preditivos ajudam a identificar padrões de doenças, ao planeamento urbano, onde os detalhes do tráfego informam o desenvolvimento de infraestruturas. No entanto, no meio destes desenvolvimentos promissores, as questões da ocultação e do consentimento ficam em segundo plano, por vezes esquecidas, mas nunca verdadeiramente distantes.

Na era da automatização, existe um paradoxo fundamental na confidencialidade. Apesar de a valorizarmos, revelamos voluntariamente quantidades significativas de material privado por via eletrónica. Trata-se de uma contradição ou de uma nova norma para a cidadania virtual?

Em segundo lugar, o quadro jurídico da privacidade em linha está ainda em evolução. Diferentes países têm o seu próprio conjunto de regulamentos, e a Internet, como entidade global, não respeita as fronteiras nacionais. Como podemos, então, garantir a proteção da privacidade neste mundo digital intrincado e interligado?

Uma terceira preocupação decorre do tratamento da informação pelas empresas. Empresas como a Google e o Facebook têm sido objeto de escrutínio relativamente às suas práticas de documentação. Mas, para além destes gigantes da tecnologia, uma infinidade de entidades mais pequenas também acumulam e comercializam registos de utilizadores, muitas vezes sem consentimento explícito. Será então justo colocar o ónus da proteção da privacidade exclusivamente no utilizador?

Ao explorarmos esta área desconhecida, é essencial procurar um meio-termo que permita a utilização de grandes volumes de dados, salvaguardando simultaneamente o espaço pessoal. Para tal, será necessária uma abordagem multifacetada - medidas legais, soluções tecnológicas e uma mudança cultural na nossa compreensão da proteção dos dados pessoais.

A salvaguarda de informações confidenciais na era dos grandes volumes de dados é uma tarefa colossal que exige vigilância constante, estratégias inovadoras e um compromisso firme com protocolos de factos éticos. Ao moldarmos as paisagens computorizadas do futuro, asseguremos que o direito à privacidade continua a ser uma pedra angular, um farol que guia o nosso progresso.

Ensaio 10

Tecnologias de Vigilância e Sociedade: Um Ato de Equilíbrio Cuidadoso

A luta entre segurança e liberdade tem existido de forma consistente ao longo da história, mas nunca foi tão evidente como na nossa sociedade moderna, que se caracteriza por um rápido avanço tecnológico. Na vanguarda desta dinâmica está o domínio em constante desenvolvimento da tecnologia de vigilância, que, embora prometa maior segurança, coloca questões profundas sobre os nossos valores sociais, nomeadamente a privacidade e a liberdade individual.

As ferramentas de vigilância, incluindo "software" de reconhecimento facial, algoritmos de extração de dados e tecnologias de "drones", são agora omnipresentes. Estas ferramentas prometem medidas de segurança reforçadas, desde operações antiterroristas a protocolos de proteção da comunidade. Os benefícios tangíveis são irrefutáveis - identificação rápida de ameaças, aplicação eficiente da lei e talvez uma dissuasão geral de atividades ilegais.

No entanto, há que perguntar: a que custo é que estes benefícios são obtidos? E quem paga o preço?

O carácter da tecnologia de observação implica uma violação intrínseca dos territórios individuais, tanto físicos como digitais. Esta intrusão levanta preocupações válidas sobre a privacidade, a autonomia e a potencial utilização indevida destes dispositivos. Dito de forma simples, será que, na nossa tentativa de criar uma comunidade mais segura, estamos a criar inadvertidamente um estado de vigilância onde o Big Brother vigia incessantemente?

A questão da autoridade sobre estas máquinas complica ainda mais o discurso. Embora os governos utilizem estas ferramentas sob a bandeira da segurança nacional, a influência crescente do sector privado neste domínio não pode ser ignorada. A recolha, o armazenamento e a análise de dados por parte de entidades empresariais, sob o pretexto de "melhorar a experiência do utilizador", apresenta outra camada de segurança, muitas vezes menos escrutinada do que as ações do Estado.

A aplicação desigual das tecnologias de monitoriza-ção, mais acentuada nas comunidades marginaliza-das, provoca discussões sobre justiça social. Estarão estas ferramentas a exacerbar as divisões sociais e a perpetuar preconceitos?

Ao lidarmos com estas questões, devemos ter em mente que a tecnologia reflete as intenções dos seus utilizadores e é simplesmente uma ferramenta. Por conseguinte, para abordar as questões colocadas pelo equipamento de monitorização, é necessária uma es-tratégia multifacetada - rever os quadros jurídicos, cul-tivar um sentido de responsabilidade e encorajar a abertura nessa utilização.

No fim de contas, os mecanismos de observação e a sociedade participam num jogo sensível, um contra-ponto entre proteção e autonomia. O caminho a seguir não é evitar estas inovações, mas sim navegar judicio-samente pelas suas complexidades, assegurando que a nossa busca de segurança não espezinhe as nossas preciosas liberdades.

Ensaio 11

Equilíbrio entre Segurança Nacional e Privacidade: Atingir o Equilíbrio Delicado

Ao contemplar a paisagem do século XXI, confrontamo-nos com um intrincado paradoxo em que um fio tenso se suspende entre dois pilares monumentais: a segurança nacional e a privacidade pessoal. O desafio do nosso tempo não é inclinarmo--nos para um ou para o outro, mas sim navegar no equilíbrio matizado que preserva ambos.

A segurança nacional tornou-se mais complexa com os avanços tecnológicos e a interconexão global. O aparecimento de ameaças nebulosas, desde o ciber-terrorismo à espionagem sofisticada, justifica a necessidade de sistemas de vigilância avançados e de mecanismos de recolha de informações. A preservação da soberania de uma nação e a segurança dos seus cidadãos têm, corretamente, uma importância primordial no mandato de qualquer governo.

Em contrapartida, o elemento básico do sigilo pessoal está entrelaçado na composição da governação democrática e da independência individual. Não se trata de um luxo, mas de um direito humano fundamental. No entanto, na paisagem digital moderna, a erosão deste direito é cada vez mais frequente, muitas vezes sob a sombra de medidas de segurança reforçadas.

A tensão entre estas duas facetas não é um jogo de soma zero, apesar de ser frequentemente retratada. De facto, trata-se de uma interação complexa que exige uma navegação astuta e uma negociação persistente. A tarefa que temos pela frente, portanto, não é diminuir uma em favor da outra, mas compreender como podem coexistir em harmonia.

As medidas legislativas desempenham um papel fundamental neste esforço. As leis devem adaptar-se à fluidez dos avanços tecnológicos, protegendo os direitos de privacidade dos cidadãos e permitindo simultaneamente as medidas de segurança necessárias. A supervisão e a regulamentação dos programas de vigilância são imperativas para evitar potenciais excessos e utilizações indevidas.

Entretanto, a adoção de tecnologias de preservação da privacidade, como a encriptação de ponta a ponta e as técnicas de anonimização, pode criar um amortecedor, permitindo que as operações de segurança coexistam com espaços digitais privados. Estas ferramentas são o exemplo da potencial simbiose entre segurança e privacidade.

Finalmente, a promoção de um diálogo aberto entre decisores políticos, tecnólogos e o público pode criar um ambiente de compreensão e consenso. A transparência nas ações governamentais e a clareza nas políticas de confidencialidade das plataformas automatizadas ajudam os utilizadores a compreender e a navegar no nexo segurança-privacidade.

A prossecução da segurança nacional não deve implicar a perda da privacidade, tal como a proteção da privacidade não deve deixar as nossas nações vulneráveis. Encontrar um equilíbrio não é apenas desejável; é absolutamente necessário para preservar os valores sociais que prezamos. Afinal de contas, na dança entre a segurança e a privacidade, a música é uma democracia e temos de garantir que nunca para de tocar.

Ensaio 12

O Papel da IA na Cibersegurança:
Um Guardião Emergente

À medida que a complexidade da nossa existência digital se aprofunda e o perigo dos riscos cibernéticos aumenta, surgiu uma nova sentinela no domínio da cibersegurança - a inteligência artificial (IA). Como uma complexa tapeçaria de aprendizagem automática, análise preditiva e reconhecimento de padrões, a IA funciona como um elemento essencial na defesa contra um conjunto de ciberameaças em constante mudança.

A cibersegurança, na sua essência, é um exercício de deteção de anomalias. Os métodos convencionais debatem-se com o dilúvio de dados e a natureza cada vez mais sofisticada dos ataques. É aqui que a IA, com a sua capacidade de analisar grandes volumes de dados e discernir padrões em nanossegundos, tem a probabilidade de ser transformadora.

Os sistemas de cibersegurança alimentados por IA podem tirar partido da aprendizagem automática para se adaptarem e desenvolverem, aprendendo com cada interação e aperfeiçoando as suas capacidades de previsão. Essas técnicas podem identificar possíveis ameaças e vulnerabilidades, muitas vezes antes de serem exploradas, e executar respostas rápidas e automatizadas. A vantagem não reside apenas na deteção, mas também na rapidez de resposta, um elemento muitas vezes decisivo no mundo da cibersegurança.

No entanto, é importante reconhecer que, embora a IA possa ser um potente aliado na cibersegurança, as entidades maliciosas também a podem utilizar como arma. Os ataques adversários concebidos para enganar os sistemas de IA, a criação de algoritmos de phishing sofisticados e a utilização da IA para perpetrar fraudes de deep fake são apenas alguns exemplos.

Para navegar nesta espada de dois gumes, é necessária uma abordagem que seja simultaneamente tecnologicamente astuta e eticamente orientada. Para impedir a utilização indevida da IA na cibersegurança, temos de acompanhar a sua implantação com mecanismos de proteção robustos. Isto inclui testes rigorosos, contra-ataques adversários, monitorização contínua dos comportamentos da IA e relatórios transparentes dos processos de tomada de decisão da IA.

Temos também de considerar as implicações de confiar um domínio tão crítico à inteligência artificial. Embora a IA possa proporcionar imensas capacidades técnicas, a responsabilidade pela cibersegurança não pode ser totalmente entregue às máquinas. O elemento humano, com a sua capacidade de julgamento ético, intuição e compreensão diferenciada, deve continuar a fazer parte integrante do processo.

Olhando para o futuro, podemos imaginar um cenário de cibersegurança em que a IA e o ser humano trabalham em sinergia. As máquinas proporcionam um poder computacional rápido e uma vigilância implacável, enquanto os seres humanos têm a capacidade de compreender o contexto, fazer juízos baseados em valores e resolver problemas de forma criativa.

A inteligência artificial, no seu papel de guardiã emergente da cibersegurança, incorpora uma fusão de oportunidades e desafios, de imenso potencial e de riscos dignos de nota. Ao traçarmos o caminho a seguir, a chave está em aproveitar esta poderosa ferramenta de forma judiciosa, responsável e com uma compreensão clara das implicações multifacetadas da sua utilização.

Ensaio 13

O Papel das Redes Sociais na Democracia Moderna

A democracia, um sistema que assenta nos pilares da liberdade, igualdade e transparência, encontra-se num tango paradoxal com os meios de comunicação social - uma ferramenta que tanto pode iluminar como ofuscar estes mesmos ideais. A fusão inextricável destas duas entidades deu origem a uma nova forma de política participativa, no qual o indivíduo não é um observador, mas um contribuinte ativo.

Inicialmente, talvez as redes sociais, com o seu advento, tenham estendido a promessa de uma maior democratização. Ofereceram uma plataforma para o diálogo, alargaram a amplitude e a profundidade da informação acessível ao público e derrubaram as barreiras da distância geográfica. Deu poder ao povo - para ter voz, deliberar, discordar e decidir.

Movimentos notáveis, como as campanhas #MeToo, primavera árabe e Black Lives Matter, são testemunhos vivos do poder das redes sociais para galvanizar a ação coletiva. As plataformas das redes sociais serviram de nexo, uma praça geral onde o diálogo fluiu livremente e onde a solidariedade se cristalizou em ação.

No entanto, temos também de reconhecer o outro lado da moeda, em que as redes sociais funcionam como uma faca de dois gumes no nosso discurso democrático. No meio da cacofonia de vozes, a autenticidade e a exatidão da informação estão cada vez mais envoltas em ambiguidade. A suscetibilidade dos programas das redes sociais à propagação de desinformação, de tecnologia deep fake e de conteúdos que provocam divisões tem o potencial de minar o tecido autónomo, provocando a discórdia civil, manipulando a opinião pública e minando a confiança nas instituições.

Além disso, a natureza algorítmica destas plataformas, concebidas para manter a atenção dos utilizadores, cria câmaras de eco que reforçam as crenças existentes e abafam as opiniões divergentes. Em vez de fomentar uma cidadania informada, este efeito inadvertido gera polarização - uma divisão acentuada que é antitética ao esforço de construção de consensos que a democracia incorpora.

É esta dualidade complexa da função dos meios de comunicação social num governo autónomo moderno que exige uma compreensão diferenciada e uma abordagem ponderada. À medida que a sociedade navega neste terreno desconhecido, torna-se essencial encontrar um equilíbrio delicado entre o aproveitamento do potencial das redes sociais e a atenuação dos seus perigos. Este equilíbrio exige uma supervisão regulamentar judiciosa, uma educação para a literacia digital e o empenho permanente das empresas tecnológicas em dar prioridade ao bem da sociedade em detrimento do envolvimento algorítmico.

As redes sociais não são inerentemente democráticas nem antidemocráticas; apenas refletem e amplificam as estruturas e os comportamentos existentes na sociedade. Por conseguinte, a questão não é o papel das redes sociais, mas como escolhemos utilizar esta ferramenta nos nossos processos. A resposta a esta questão moldará não só o futuro das nossas democracias, mas também a natureza da nossa interconexão humana nesta era digital.

Ensaio 14

Modelos Emergentes de Governação Democrática

A governação democrática, um sistema vivo e dinâmico, cresce perpetuamente em resposta às transformações da sociedade e aos desafios globais. Estamos a assistir a novos modelos que integram métodos tradicionais com tecnologias modernas, inovação e participação dos cidadãos. Estes modelos em desenvolvimento oferecem perspetivas promissoras para reforçar a legitimidade, a eficiência e a inclusividade dos processos constitucionais.

A democracia digital direta, ou e-democracia, é um arquétipo deste tipo de modelo e tira partido da tecnologia para melhorar os canais de participação dos cidadãos. Com a votação eletrónica, as petições em linha e as plataformas em linha para consulta governamental e debates políticos, o domínio automatizado está a transformar-se numa ágora contemporânea. Tem o potencial de reavivar a assistência gratuita e de envolver e amplificar as vozes daqueles que anteriormente não estavam envolvidos e eram silenciados.

No entanto, à medida que digitalizamos ainda mais os nossos processos de autogovernação, a necessidade de abordar as disparidades de acesso torna-se primordial. Se este fosso digital não for colmatado, a democracia eletrónica pode inadvertidamente levar à marginalização de certos grupos socioeconómicos, perpetuando assim as desigualdades existentes.

Outro exemplo em ascensão é o orçamento participativo, um processo em que os cidadãos participam na tomada de decisões sobre as despesas municipais. Ao envolver o público na afetação do orçamento, promove a transparência e a responsabilização e fomenta um sentido de responsabilidade cívica. Esta abordagem de base dá poder às pessoas, conduzindo a um melhor alinhamento das decisões orçamentais com as necessidades da comunidade e cultivando assim a confiança do público na política.

Contudo, os processos envolvidos consomem muitos recursos e tempo e, sem as devidas salvaguardas, podem ser suscetíveis de serem capturados por grupos de interesses especiais. Por conseguinte, é fundamental garantir um apoio alargado e justo e gerir os potenciais conflitos de interesses.

O modelo de igualdade deliberativa tem ganho força. Implica a criação de espaços de discussão informada entre os colonos e o incentivo à compreensão mútua, ao respeito e ao compromisso. Práticas como as assembleias de cidadãos e as sondagens são expressões deste modelo. Procuram transcender a superficialidade da política dominada por "slogans" e cultivar uma liberdade profunda enraizada numa deliberação social ponderada.

Estes fóruns podem exigir muitos recursos e os seus resultados são frequentemente consultivos e não vinculativos. Em consequência, traduzir as ideias destas deliberações em ações políticas continua a ser um desafio formidável.

Em conclusão, estes modelos emergentes de administração autónoma refletem uma evolução para práticas mais inclusivas, participativas e deliberativas. Cada um deles oferece vantagens únicas, mas também traz consigo o seu próprio conjunto de desafios que têm de ser geridos. À medida que nos aventuramos neste admirável mundo novo de experimentação, a tónica deve

ser colocada na promoção de uma cultura de aprendizagem, adaptação e inovação contínuas. É neste espírito de abertura e adaptabilidade que a autonomia,
na sua verdadeira essência, prosperará.

Ensaio 15

Os Direitos Humanos na Era Digital

Na era digital moderna, a nossa compreensão e aplicação dos direitos humanos são continuamente postas em causa e redefinidas. A revolução em linha resultou em profundas transformações sociais, proporcionando oportunidades sem precedentes para o desenvolvimento humano e a conetividade social. Apresenta também uma série de dilemas intrincados relativos aos privilégios humanos que devem ser cuidadosamente examinados e abordados.

As plataformas automatizadas emergiram como esferas públicas vibrantes, permitindo a livre troca de ideias e amplificando o alcance das vozes que defendem direitos e liberdades. Mobilizaram movimentos de justiça social, facilitaram a solidariedade internacional e responsabilizaram os poderes. Têm também sido campos de batalha da desinformação, do discurso de ódio e do assédio em linha, colocando graves desafios à liberdade de expressão e de opinião.

A adoção generalizada das tecnologias modernas criou uma fronteira nas reivindicações de privacidade. Os dados pessoais, nesta era informatizada, tornaram-se um bem altamente valorizado, comercializado, processado e analisado para vários fins comerciais e governamentais. Embora esta abordagem baseada em dados possa trazer benefícios consideráveis, como serviços personalizados e elaboração de políticas baseadas em factos, também pode levar a vigilância intrusiva, definição de perfis e manipulação. Assim, o direito à privacidade nesta era exige salvaguardas rigorosas para evitar o abuso e a utilização incorreta dos dados pessoais.

A este respeito, as tecnologias de encriptação e os estatutos de proteção de dados, como o Regulamento Geral sobre a Proteção de Dados (RGPD) da União Europeia, oferecem baluartes cruciais. A sua eficácia depende de uma aplicação robusta e da vontade das empresas baseadas na "Web" de dar prioridade aos direitos de confidencialidade dos utilizadores.

As tecnologias digitais também revolucionaram o acesso à informação e ao conhecimento, expandindo, sem dúvida, o direito à educação. As plataformas de aprendizagem digital podem democratizar a educação, tornando-a acessível a comunidades tradicionalmente desfavorecidas devido a barreiras geográficas, económicas ou físicas. No entanto, esta mudança também sublinha a disparidade tecnológica - a desproporção no acesso às infraestruturas tecnológicas e às competências de literacia digital. Sem resolver este fosso, a transformação arrisca exacerbar as disparidades existentes na realização do direito à educação.

Por último, a era digital traz novos desafios ao direito ao trabalho e a condições de trabalho justas. A automatização e a inteligência artificial estão a transformar a natureza do trabalho, criando oportunidades, mas também riscos. Estão a ser levantadas questões críticas sobre a deslocação de postos de trabalho, a liberdade dos trabalhadores na economia gig e a necessidade de novas competências e de aprendizagem ao longo da vida.

A era digital tem implicações em todos os aspetos dos direitos humanos, exigindo uma reformulação dos quadros tradicionais. Exige abordagens baseadas nos direitos que se adaptem às novas realidades, ao mesmo tempo que defendem os princípios fundamentais da universalidade, indivisibilidade e inalienabilidade dos direitos constitucionais. Um mundo digitalmente inclusivo, adequado e respeitador dos direitos não é um dado adquirido - é um objetivo pelo qual nos devemos esforçar ativamente.

Desafios Globais: Alterações Climáticas e Biotecnologia

O espetro das alterações climáticas paira sobre a narrativa global, lançando longas sombras na nossa consciência coletiva. Entretanto, a ascensão da biotecnologia apresenta-se como uma espada de dois gumes - um farol de promessas e uma fonte de apreensão. Ambas as forças representam provações sem precedentes para o nosso tempo, levando-nos a reavaliar a nossa relação com o ambiente e a nossa própria essência enquanto seres humanos.

As alterações climáticas, a questão mais premente da nossa era, confrontam-nos com uma série de efeitos em cascata - aumento das temperaturas, derretimento das calotas polares, alteração dos padrões de precipitação e fenómenos meteorológicos extremos mais frequentes, entre outros. No entanto, a crise climática não é apenas uma questão ambiental; é uma crise que afeta todos os aspetos da existência humana - desde a nossa saúde, segurança alimentar e estruturas económicas até aos padrões de migração e desigualdades sociais.

Enfrentar as alterações climáticas significa lidar com a complexidade e a incerteza e desafiar os paradigmas de consumo e crescimento que sustentam as sociedades modernas. A nossa resposta a esta crise ditará o legado que deixaremos às gerações futuras. Exige mudanças transformadoras - nas nossas tecnologias, políticas, estilos de vida e mentalidades.

Entretanto, no domínio da biologia, encontramo-nos no início de uma nova era. A biotecnologia, a manipulação de organismos vivos para produzir produtos úteis, tem demonstrado um potencial notável. Revolucionou a medicina, a agricultura e a conservação do ambiente, oferecendo soluções para alguns dos nossos problemas mais persistentes. No entanto, como todas as ferramentas poderosas, a biotecnologia acarreta riscos e dilemas éticos.

A capacidade de manipular o próprio tecido da vida levanta questões profundas. Até onde devemos ir à alteração da nossa biologia ou da biologia de outras espécies? Como podemos garantir que os benefícios da biotecnologia são distribuídos de forma equitativa, evitando exacerbar as disparidades existentes?

Os ensaios seguintes fornecerão uma análise mais aprofundada destes obstáculos globais. Exploraremos os impactos multifacetados das alterações climáticas, as potencialidades e as armadilhas da biotecnologia e as considerações sociais e éticas que se colocam. Esperamos iluminar a complexidade destas questões e provocar um discurso refletido sobre como podemos navegar nestas águas desconhecidas. As provações são imensas, mas também o são as oportunidades de inovação, adaptação e crescimento.

Ensaio 16
Impacto Humano no Clima

Ao contemplarmos a nossa existência neste pálido ponto azul do planeta, temos de nos confrontar com o nosso impacto no seu clima. De facto, o mundo natural dança ao som dos nossos esforços, uma valsa sombria orquestrada por atividades antropogénicas. A escala da nossa influência nos sistemas climáticos do planeta é tal que a nossa época pode muito bem ser recordada como o Antropoceno - a era dos humanos.

A principal das nossas transgressões atmosféricas é a escalada rápida e contínua das emissões de gases com efeito de estufa. O carbono que exalamos para a atmosfera, principalmente devido à queima de combustíveis fósseis e à desflorestação, envolve efetivamente o nosso planeta num cobertor térmico cada vez mais espesso. Uma grande quantidade de provas científicas, como o aumento das temperaturas à superfície e o derretimento das calotas polares, mostra claramente que o carbono é o responsável pelo aquecimento global.

No entanto, o simples facto de se reconhecer a existência do aquecimento global é uma pequena amostra da superfície de um oceano muito mais profundo e turbulento. O aumento das temperaturas desencadeia uma cascata de alterações ambientais com implicações devastadoras. Amplificam os fenómenos meteorológicos globais extremos, como inundações, furacões e secas, com um impacto no ciclo da água. Provocam a fusão do gelo polar e a subida do nível do mar, ameaçando as comunidades costeiras e as nações insulares. As suas ações têm um efeito devastador na biodiversidade, perturbando os "habitats" e provocando a extinção de espécies a um ritmo acelerado.

Simultaneamente, temos de considerar outro aspeto significativo, mas frequentemente ignorado, do nosso impacto climático - a alteração do albedo da Terra, ou refletividade. As nossas atividades, que vão desde a urbanização à deposição de fuligem na neve e no gelo, têm alterado este parâmetro climático crítico, provavelmente amplificando o efeito de aquecimento.

Além disso, devemos também estar cientes das nossas influências indiretas na atmosfera, principalmente através da alteração dos ciclos biogeoquímicos da Terra. As nossas práticas agrícolas, por exemplo, perturbam significativamente os ciclos do azoto e do fósforo, levando à libertação de gases potentes com efeito de estufa, como o óxido nitroso, e alterando a formação de nuvens.

Ao contemplarmos estes efeitos múltiplos, temos de nos aperceber de uma situação crítica. A influência humana no ambiente que nos rodeia não é apenas uma questão ambiental, mas também uma questão socioeconómica e moral. Aqueles que menos contribuíram para o problema, em especial as comunidades do mundo em desenvolvimento, podem resistir às perturbações climáticas. As alterações climáticas colocam graves desafios ao desenvolvimento global e à justiça social, exigindo uma abordagem imparcial da atenuação e da adaptação.

Ao concluir esta exposição, permanece a questão premente: para onde vamos a partir daqui? Embora a escala do enigma possa parecer esmagadora, está dentro da nossa capacidade e responsabilidade humanas traçar um rumo diferente. Isto implica uma transformação radical na forma como geramos energia, como gerimos a terra, como produzimos e consumimos bens e como vemos o nosso lugar no mundo natural. Ao caminharmos para o futuro, temos de carregar o peso desta verdade: o nosso impacto no clima reflete os nossos valores e escolhas enquanto civilização.

Ensaio 17

Efeitos na Biodiversidade e na Saúde Mundial

No grande drama da vida na Terra, os seres humanos desempenham o papel de espécie dominante, atuando frequentemente como diretores do destino e da sorte para o resto da biosfera. O culminar das nossas ações, especialmente nos últimos séculos, provocou uma grande tempestade na ordem natural, dando início a uma onda de transformação que permeia tanto a biodiversidade como a saúde global.

A biodiversidade é mais do que uma lista de espécies; é uma complexa teia de vida. A biodiversidade é mais do que um simples registo de todos os seres vivos; é a personificação da variedade e a expressão da resiliência e criatividade da vida. No entanto, a atividade humana está causando uma crise de biodiversidade sem precedentes. O ataque da perda de 'habitat', da poluição, da sobre-exploração e das alterações climáticas está acelerando as taxas de extinção de espécies para níveis nunca vistos desde o último evento de extinção em massa.

Não obstante, podemos perguntar-nos: por que razão nos devemos preocupar com o destino de outras espécies? A nossa preocupação com a biodiversidade não se deve apenas a um sentido de responsabilidade moral para com outras formas de vida. É também uma questão de interesse próprio. A biodiversidade está na base dos serviços ecossistémicos de que dependemos, desde a polinização das culturas até à purificação do ar e da água. A perda de biodiversidade pode desestabilizar os ecossistemas, reduzindo a sua resistência às perturbações e podendo desencadear cascatas ecológicas suscetíveis de perturbar estes serviços vitais.

Passando à saúde global, encontramo-nos inextricavelmente ligados ao estado do nosso planeta. As doenças infecciosas emergentes, como o Zika, a COVID-19 e o Ébola, recordam-nos que a nossa perturbação do mundo natural pode ter graves implicações para o nosso bem-estar. Muitas destas doenças são zoonóticas, tendo origem em populações de animais selvagens antes de se propagarem aos seres humanos. À medida que continuamos a degradar os 'habitats' e a aumentar as nossas interações com a vida selvagem, criamos mais oportunidades para esses contágios.

As alterações climáticas têm também implicações de grande alcance para a saúde mundial. O aumento das temperaturas e a alteração dos padrões de precipitação afetam a distribuição e a intensidade de doenças transmitidas por vetores, como a malária e a dengue. O aumento da gravidade e da frequência das vagas de calor pode causar "stress" térmico e outras doenças relacionadas com o calor. As alterações da precipitação e da temperatura podem também influenciar negativamente a produtividade agrícola, conduzindo à insegurança alimentar e à subnutrição.

Ao lidarmos com estes efeitos na biodiversidade e na saúde global, temos de ter em conta a natureza complexa e interligada dos problemas que enfrentamos. Não se trata de fenómenos isolados, mas de sintomas de algo mais vasto - um reflexo da nossa relação com o mundo natural. Para os resolver, é necessária uma abordagem sistémica e integrada que vá para além do tratamento dos sintomas e se esforce por remediar as causas profundas. Temos de promover uma cultura mundial de preocupação e respeito pela biosfera para reconhecer o valor inerente a toda a existência e compreender a associação íntima entre o bem-estar do nosso planeta e o nosso.

Ensaio 18

Impacto Socioeconómico
e Futuro Sustentável

Quando voltamos o nosso olhar para o futuro, vemo-lo tingido de um misto de incerteza e de possibilidade. A trajetória da nossa sociedade e da nossa economia nunca foi tão crucial, influenciadas como são por uma série de forças, sobretudo pelas nossas ações e decisões. No centro desta narrativa está a questão da sustentabilidade - como podemos ultrapassar os atuais obstáculos para garantir um destino próspero e igual para todos?

Para compreender este dilema, é fundamental reconhecer que o conceito de sustentabilidade vai para além de "ser verde". Trata-se de promover um equilíbrio estável entre considerações sociais, económicas e ambientais. Exige uma compreensão da interação entre estas esferas e da forma como as decisões numa área afetam invariavelmente as outras.

O nosso sistema económico, tradicionalmente centrado no crescimento incessante e no consumo de recursos, deu início a uma era de riqueza e de avanços tecnológicos sem precedentes. Mas este progresso teve um custo significativo. A degradação do ambiente, a desigualdade de rendimentos e as fissuras sociais são uma forte advertência da insustentabilidade deste modelo. Consequentemente, estamos no limiar de uma conjuntura crucial, que nos obriga a repensar a nossa abordagem ao desenvolvimento socioeconómico.

Uma perspetiva viável exigirá uma transição para uma economia mais circular, que dissocie o crescimento económico do consumo de recursos. Este modelo valoriza a eficiência dos recursos, a minimização dos resíduos e o fecho dos circuitos de materiais através da reciclagem e da reutilização. Também abre caminhos para novos modelos de negócio e criação de emprego, reduzindo o impacto comunitário da transformação.

A inclusão e a equidade social também estão na base de um futuro sustentável. Uma sociedade em que as oportunidades e os benefícios são distribuídos de forma desproporcionada não pode ser sustentável a longo prazo. Asseguramos-vos que a mudança para a sustentabilidade é justa e promove a unidade social em vez de marginalizar aqueles que já são vulneráveis.

Por último, temos de abordar o aspeto ambiental da sustentabilidade. Na nossa busca de um futuro sustentável, devemos procurar viver dentro das possibilidades do nosso planeta, respeitando os limites ecológicos, preservando a biodiversidade e atenuando as nossas contribuições para as alterações climáticas.

A tecnologia será, sem dúvida, fundamental para impulsionar esta mudança. Desde as energias renováveis e as infraestruturas ecológicas até às plataformas digitais que permitem uma economia de partilha, a inovação tecnológica pode fornecer as ferramentas de que necessitamos para estabelecer um futuro duradouro. Porém, a tecnologia, por si só, não pode garantir a sustentabilidade. Requer estruturas institucionais adequadas, políticas e, mais importante ainda, uma mentalidade social que valorize a sustentabilidade.

Em conclusão, o impacto socioeconómico das nossas ações de hoje moldará o nosso amanhã. Para garantir um futuro sustentável e resiliente, temos de reorientar as nossas estruturas socioeconómicas para a sustentabilidade, lutar pela equidade social e respeitar os li-

mites ecológicos do nosso planeta. É uma tarefa formidável, mas podemos alcançá-la trabalhando em conjunto, tomando decisões informadas e mantendo-nos
empenhados na sustentabilidade. O futuro, afinal, não
é um destino, mas um caminho que traçamos com as
nossas ações e escolhas.

Ensaio 19

A Era da Engenharia Genética

Ao aventurarmo-nos nos territórios inexplorados do século XXI, trazemos connosco um conjunto de ferramentas com um poder sem precedentes - a engenharia genética. Este ramo da biotecnologia apresenta uma oportunidade para explorar a essência da vida, com o potencial de transformar a medicina, a agricultura e até mesmo a nossa compreensão do que significa ser humano.

A engenharia genética refere-se à manipulação dos genes de um organismo. É um conceito que parece simples em teoria, mas as suas implicações são profundas. A capacidade de adicionar, remover ou alterar o material genético de um organismo pode alterar o curso da vida tal como a conhecemos.

No domínio da medicina, o poder da engenharia genética é imenso. As terapias genéticas, como a CRISPR-

Cas9, oferecem um vislumbre de esperança para curar perturbações hereditárias, erradicar doenças hereditárias e melhorar a saúde e a longevidade humanas. Imagine um mundo em que doenças como a fibrose cística ou a distrofia muscular poderiam ser relegadas para os anais da história da medicina. Este é o futuro que a engenharia genética promete de forma tentadora.

Na agricultura, este avanço poderá ajudar a responder às exigências colocadas por uma população mundial em crescimento e pela evolução das condições climáticas. As culturas geneticamente modificadas têm a possibilidade de aumentar a produtividade agrícola, melhorar o valor nutricional e criar culturas mais resistentes a pragas, doenças e condições ambientais adversas. Estes avanços poderão desempenhar um papel fundamental na segurança alimentar e na sustentabilidade.

No entanto, para além destas oportunidades notáveis, a era da engenharia genética também apresenta dilemas éticos complexos. A noção de "bebés de 'design' ", em que os pais podem escolher os atributos físicos e intelectuais dos seus filhos, levanta questões profundas sobre a natureza da humanidade, a igualdade e os di-

reitos individuais. Quem é que decide que características são desejáveis e quem é que deve ter acesso a
essa tecnologia?

Além disso, os riscos ecológicos associados aos organismos geneticamente modificados (OGM) não podem
ser descartados de ânimo leve. O potencial impacto
dos OGM na biodiversidade, o aparecimento de "supe-
rervas daninhas" resistentes aos pesticidas e os efeitos
indesejados em organismos não visados devem ser
cuidadosamente considerados.

A era da engenharia genética está, sem dúvida, a che-
gar, um potente testemunho do engenho e da curiosidade humanos. No entanto, ao aproveitarmos esta poderosa tecnologia, é essencial que a utilizemos de
forma ponderada, ética e responsável. Pode ser uma
ferramenta para um bem notável, mas deve ser utilizada com um profundo respeito pela complexidade da
vida e um compromisso inabalável com a justiça e a
equidade. Afinal de contas, com grande poder vem
grande responsabilidade - uma verdade que soa verdadeira à medida que entramos neste admirável
mundo novo de potencial herdado.

Ensaio 20

Considerações Éticas
sobre a Edição de Genes

À medida que avançamos na era da engenharia genética, carregamos não só a promessa de avanços científicos, mas também o peso das considerações éticas nas nossas mãos. A edição de genes, uma técnica que nos oferece a capacidade de alterar o ADN de organismos vivos, está na vanguarda deste discurso moral. O excitante potencial científico que encerra tem de ser contrabalançado com as preocupações corretas que suscita.

No centro do debate virtuoso da edição de genes está a questão fundamental: só porque podemos, isso significa que devemos? Embora tenhamos desenvolvido a tecnologia para reescrever o código da vida, a sabedoria para usar essa capacidade é algo que devemos cultivar. O poder de manipular a composição hereditária dos organismos, incluindo a nossa espécie, implica uma grande responsabilidade.

A edição de genes promete um futuro livre de doenças transmissíveis e de doenças potencialmente fatais. Um único corte no nosso ADN utilizando ferramentas como o CRISPR poderia eliminar as mutações transmitidas que causam doenças como a doença de Huntington ou a anemia falciforme. Esta é uma promessa notável. Mas também abre a porta a aplicações não terapêuticas, como o melhoramento das capacidades físicas ou cognitivas humanas. Tal aplicação levanta o espetro de uma nova forma de eugenia, em que os ricos poderiam provavelmente melhorar a sua descendência, exacerbando as desigualdades sociais existentes.

A utilização potencial da edição de genes em embriões humanos, conhecida como edição da linha germinal, apresenta outros problemas. As alterações efetuadas na linha germinal seriam transmitidas às gerações seguintes, conduzindo a alterações permanentes no conjunto dos cromossomas humanos. Isto levanta questões de consentimento, uma vez que os descendentes subsequentes não podem concordar com as alterações hereditárias que estão a ser feitas.

Ensaio 21

O Papel da Biotecnologia na Segurança Alimentar e na Agricultura

No grande teatro da vida, a biotecnologia assumiu um papel central, prometendo soluções para alguns dos problemas mais prementes do mundo, um dos quais é a segurança alimentar. Com o crescimento da população mundial e o consequente aumento da procura de alimentos, a agricultura enfrenta uma tarefa árdua. A biotecnologia, com o seu repertório de modificações genéticas e de reprodução de precisão, oferece ferramentas poderosas para navegar nesta árdua jornada.

O poder da biotecnologia está enraizado na sua capacidade de aumentar a produtividade e a resiliência agrícolas. A engenharia de variedades de culturas ricas em nutrientes, resistentes a pragas e à seca pode responder à necessidade urgente de uma agricultura mais eficaz e sustentável. Isto inclui o desenvolvimento de organismos geneticamente modificados (OGM) que podem crescer em condições subótimas, permitindo-nos utilizar terras anteriormente consideradas impróprias para a agricultura.

Tomemos o exemplo do algodão Bt, uma cultura geneticamente modificada para produzir uma toxina letal para certas pragas. A implementação do algodão Bt reduziu significativamente a necessidade de pesticidas químicos, conduzindo a práticas agrícolas mais seguras e a um maior rendimento. Do mesmo modo, o desenvolvimento de arroz dourado fortificado com beta-caroteno para combater a deficiência de vitamina A em regiões onde o arroz é um alimento básico demonstra como a biotecnologia pode melhorar o valor nutricional das culturas.

Apesar das promessas científicas, a adoção da biotecnologia na agricultura tem sido alvo de resistência. Os críticos argumentam que as culturas naturalmente reformadas representam riscos para a biodiversidade e para as condições do ecossistema. O predomínio de uma única variedade de cultura alterada pode originar uma perda de diversidade genética, tornando os nossos sistemas alimentares vulneráveis a surtos de doenças.

Além disso, as implicações éticas de alterar a natureza no nosso benefício têm sido objeto de debate. Foram levantadas questões em torno dos direitos de propriedade intelectual e da corporativização do fornecimento global de sementes, salientando as indicações socioeconómicas da adoção em larga escala da biotecnologia na agricultura.

Ao ponderar estas considerações, torna-se evidente que, embora a biotecnologia ofereça potenciais resoluções, não é uma bala de prata. O seu papel na garantia do nosso futuro alimentar deve ser integrado numa série de abordagens, tais como a promoção da biodiversidade agrícola, o apoio aos pequenos agricultores e o incentivo a práticas agrícolas sustentáveis.

A adoção da biotecnologia na agricultura não é apenas uma decisão científica; é uma decisão social. Justifica um diálogo alargado que inclua as vozes de agricultores, consumidores, decisores políticos, cientistas e especialistas em ética. Esta abordagem abrangente ajudar-nos-á a utilizar o potencial da biotecnologia de forma segura e moral, aumentando a eficiência agrícola e a segurança alimentar e protegendo simultaneamente a integridade do planeta.

Preocupações Humanas Contemporâneas:
Saúde Mental e Desigualdade de Rendimentos

Quando voltamos a nossa atenção para dentro de nós, vemos duas crises que estão interligadas e que moldam a condição humana no nosso tempo: a crescente crise de saúde mental e o fosso cada vez maior da desigualdade de rendimentos. Estes desafios gémeos estão interligados de formas complexas, cada um amplificando os efeitos do outro e ambos exigindo a nossa atenção urgente.

A saúde mental, durante demasiado tempo relegada para a periferia dos debates sobre os cuidados de saúde, tem ganho destaque com uma insistente exigência de reconhecimento. O âmbito alarmante da questão revela um aumento da depressão, da ansiedade e de outras perturbações psicológicas, que a incerteza generalizada dos nossos tempos exacerba. No entanto, este dilema não tem apenas a ver com números; é uma emergência de compaixão, compreensão e atitudes sociais.

A saúde mental está intimamente ligada ao tecido das nossas sociedades e à forma como construímos as nossas vidas e as nossas identidades. É uma questão pessoal, mas é também social. As escolhas que fazemos enquanto sociedade - sobre os nossos sistemas económicos, as nossas redes de segurança social e as nossas políticas educativas e de cuidados de saúde - moldam o nosso bem-estar mental coletivo.

Ao explorarmos mais a saúde mental, deparamo-nos com a desigualdade de rendimentos nesta discussão. A disparidade entre a riqueza e o rendimento é uma preocupação de longa data, mas a escala e a intensidade desta questão aumentaram nos últimos anos. As frações mais ricas da sociedade continuam a acumular riqueza a um ritmo sem precedentes, enquanto muitos outros lutam para fazer face às despesas.

Porém, a desigualdade de rendimentos não tem apenas a ver com a riqueza material. Tem a ver com oportunidades, com acesso à educação e cuidados de saúde de qualidade e com a capacidade de levar uma vida digna e segura. Além disso, a desigualdade de rendimentos tem implicações significativas nos aspetos psicológicos, contribuindo para o "stress", a ansiedade e os sentimentos de privação de direitos.

Estas preocupações humanas modernas serão exploradas nos próximos ensaios, onde analisaremos as ligações intrincadas entre a saúde mental e a desigualdade de rendimentos. Examinaremos as forças sociais e económicas em jogo, iluminaremos as consequências pessoais e comunitárias e ponderaremos soluções. Estes desafios são complicados e estão enraizados nas nossas estruturas comunitárias, mas não são insuperáveis. Abordar estas questões requer vontade coletiva, pensamento inovador e, acima de tudo, empatia.

Ensaio 22

A Epidemia Silenciosa da Saúde Mental

A procura da compreensão da nossa mente, a fonte dos nossos pensamentos, emoções e comportamentos, tem sido uma busca que atravessa toda a história da humanidade. Esta viagem colocou-nos frente a frente com uma epidemia silenciosa: as perturbações da saúde mental. São as correntes invisíveis que prendem as tempestades silenciosas que assolam as mentes de inúmeras pessoas em todo o mundo.

As perturbações da saúde mental, que englobam doenças como a depressão, a ansiedade, a esquizofrenia e a perturbação bipolar, estão frequentemente envoltas em estigma e incompreensão. Este cenário infeliz dificulta a deteção precoce, o tratamento e o apoio social, agravando a natureza silenciosa desta epidemia.

Há uma necessidade premente de reconhecer que o bem-estar psicológico é uma componente da boa forma física tão importante como o bem-estar físico. Esta noção está encapsulada na definição de saúde da Organização Mundial de Saúde, que consagra a saúde mental como um aspeto crucial da saúde geral.

Apesar da elevada prevalência e do impacto das condições de saúde psicológica, estas continuam a ser marginalizadas em muitos sistemas de proteção social. Isto reflete-se no financiamento inadequado dos serviços de saúde mental, na falta de integração nos cuidados de saúde gerais e na escassez de profissionais de saúde mental. Estes factos enfatizam a desconsideração institucional, que é um aspeto fundamental deste surto insalubre.

As consequências destas doenças não tratadas propagam-se, afetando não só os indivíduos, mas também as famílias, as comunidades e as sociedades. Estas doenças têm um impacto considerável na produtividade e no desenvolvimento socioeconómico. O desafio do bem-estar mental está a causar uma angústia incomensurável, resultando na disseminação silenciosa das condições psiquiátricas como uma das preocupações mais significativas dos direitos humanos da nossa era.

Contudo, o silêncio em torno do bem-estar psicológico está a ser gradualmente quebrado. Os movimentos que promovem a sua sensibilização estão a ganhar força, encorajando conversas que desafiam o estigma e exigem mudanças. A tecnologia digital está a redefini-lo, permitindo que a teleterapia e os recursos digitais de saúde mental cheguem àqueles que, de outra forma, permaneceriam intocados pelos serviços tradicionais.

Mas a jornada está longe de terminar. Para enfrentar a epidemia silenciosa e generalizada de saúde psicológica é necessário um esforço global e unificado. Envolve a assimilação dos cuidados de saúde mental nos cuidados de saúde gerais, a promoção da literacia em saúde mental e a mobilização da sociedade e da vontade política para dar prioridade à saúde psicológica. A compaixão e a compreensão são as chaves para iluminar o caminho para sair das sombras para aqueles que estão enredados por perturbações de saúde mental.

É nossa responsabilidade coletiva garantir que as vozes dos que lutam contra as perturbações de saúde mental não sejam relegadas para um eco silencioso, mas que sejam amplificadas e ouvidas. Só então poderemos ter esperança de transformar este silêncio numa revolução ruidosa em prol da justiça na saúde mental.

Ensaio 23

Os Meios de Comunicação Social
e a Saúde Mental

À medida que navegamos nas águas inexploradas da era digital, somos inundados por uma constante enxurrada de informações. O veículo para esta inundação de conhecimento, o eixo do nosso mundo conectado, são as redes sociais. Estas redes remodelaram o tecido social, dando origem a novas formas de comunicação, envolvimento e interação.

Os tentáculos das plataformas sociais permeiam quase todos os aspetos das nossas vidas, incluindo a nossa condição psicológica. Neste ensaio, examinamos a complexa relação entre as redes sociais e a saúde mental, que tanto pode ser benéfica como prejudicial.

Por um lado, as redes sociais podem funcionar como um catalisador de mudanças positivas. Proporcionam plataformas para divulgar informações e sensibilização sobre o bem-estar mental, combater o estigma e incentivar comportamentos de procura de ajuda. O seu poder de ligar indivíduos promove comunidades de apoio. Permite a pessoas de todos os cantos do mundo partilharem as suas experiências, dialogarem e encontrarem consolo em narrativas partilhadas.

No entanto, o lado obscuro desta plataforma apresenta um quadro diferente. A conetividade constante e o fluxo incessante de conteúdos podem despoletar sentimentos de inadequação, ansiedade e depressão. A perfeição curada frequentemente retratada nestas plataformas desmente a realidade da imperfeição humana, cultivando uma cultura de comparação que pode prejudicar a autoestima e propagar uma imagem corporal negativa.

Os programas das redes sociais podem tornar-se arenas para o "cyberbullying", com o véu do anonimato em linha a permitir comportamentos prejudiciais. As vítimas, normalmente adolescentes, são deixadas a braços com as consequências psicológicas, que podem ir do sofrimento psicológico à ideação suicida.

A escala do assédio em linha e as suas implicações para o bem-estar psicológico levantam questões críticas sobre a responsabilidade das plataformas de redes sociais. Estas questões centram-se na moderação dos conteúdos, nas políticas de segurança dos utilizadores e no papel que estas plataformas devem desempenhar para fazer face às repercussões da sua utilização na saúde mental.

Compreender os efeitos das redes sociais na saúde psicológica também provoca uma apreciação diferenciada da influência da "dieta digital". À semelhança de uma dieta nutricional, a qualidade, a quantidade e o momento do nosso consumo em linha podem influenciar o nosso bem-estar intelectual.

Embora o diálogo em torno dos meios de comunicação social e da saúde psiquiátrica esteja regularmente impregnado de negatividade, é vital recordar a capacidade de mudança positiva que estes princípios possuem. Aproveitá-los e, ao mesmo tempo, atenuar os seus efeitos nocivos exige estratégias abrangentes que englobem a regulamentação, a educação e a literacia automatizada.

A narrativa sobre as redes sociais e a saúde mental é complexa e os últimos capítulos continuam por escrever. O que é claro, no entanto, é a necessidade urgente de investigação rigorosa, políticas informadas e envolvimento da sociedade para orientar a nossa compreensão e resposta a este fenómeno moderno. O bem--estar da nossa geração automatizada depende disso.

Ensaio 24

A Saúde Mental no Local de Trabalho

À medida que as engrenagens do nosso mundo profissional giram, o espetro fantasmagórico dos problemas de saúde mental paira silenciosamente sobre o local de trabalho. O bem-estar mental no trabalho não é um luxo, mas uma necessidade, uma componente fundamental do bem-estar dos trabalhadores e do sucesso organizacional. Este capítulo explora a complexa interação entre a condição mental e o trabalho, onde as vulnerabilidades pessoais se cruzam frequentemente com as obrigações profissionais.

Em primeiro lugar, temos de reconhecer a magnitude da questão. O "stress", a ansiedade e a depressão relacionados com o trabalho não são fenómenos isolados, mas sim realidades omnipresentes. São os assassinos silenciosos da produtividade, causando custos humanos e financeiros consideráveis. Os especialistas estimam que a perda económica global projetada devido a condições psicológicas será de três triliões de dólares até 2030. Esta projeção sublinha as profundas ramificações sociais e económicas de ignorar o bem-estar psicológico no local de trabalho.

O local de trabalho pode ser tanto a causa como o remédio para os problemas de saúde mental. Por um lado, o "stress" crónico, as longas horas de trabalho, o assédio moral e a falta de segurança no emprego podem precipitar ou exacerbar os problemas de saúde psicológica. As expectativas da cultura do "sempre ligado", com a pressão para o desempenho, podem criar um ambiente propício ao "stress" e ao esgotamento.

Contudo, o local de trabalho também tem a possibilidade de ser um local de cura. Funcionários bem estruturados, programas de bem-estar, canais de comunicação eficazes e uma cultura organizacional de apoio podem melhorar significativamente a saúde mental. O ambiente de trabalho pode atuar como uma plataforma para a identificação e intervenção precoces, reduzindo o estigma em torno da saúde mental e promovendo o comportamento de procura de ajuda.

A compreensão e o tratamento da saúde mental no local de trabalho exigem abordagens multifacetadas. Os empregadores têm um papel fundamental a desempenhar, desde a implementação de políticas de saúde mental e a disponibilização de recursos aos trabalhadores até à garantia de um ambiente de apoio e não discriminatório. Uma liderança eficaz pode promover uma cultura de abertura em que a discussão da saúde mental é tão normalizada como a discussão da saúde física.

Os trabalhadores também têm um papel a desempenhar nesta narrativa. As estratégias de autocuidado, a definição de limites, a procura de ajuda quando necessário e o apoio aos colegas são elementos vitais para manter o bem-estar mental no trabalho. O poder do apoio dos pares e da empatia no local de trabalho não deve ser subestimado.

Além disso, o apoio à saúde mental no local de trabalho deve ser abrangente, estendendo-se para além das intervenções dirigidas ao indivíduo e abordando fatores estruturais e culturais. Uma abordagem deste tipo implicaria a promoção do equilíbrio entre a vida profissional e familiar, a gestão da carga de trabalho, o reforço do controlo do trabalho e a resolução de questões como o assédio e a discriminação.

A questão da saúde mental no local de trabalho é complexa e multifacetada, exigindo um envolvimento a vários níveis - individual, organizacional e social. A sua abordagem não é apenas uma questão de responsabilidade empresarial, mas um imperativo para um crescimento sustentável e inclusivo. A saúde mental deve ser parte integrante dos nossos debates, políticas e práticas, à medida que avançamos com o futuro do sector. É importante criar locais de trabalho que valorizem e alimentem o espírito humano, não apenas por razões económicas, mas como um imperativo moral.

Ensaio 25

O Futuro do Tratamento da Saúde Mental

O tratamento da saúde mental está a entrar num período de inovação e redefinição à medida que olhamos para territórios desconhecidos. Uma potente amálgama de tecnologia, investigação em desenvolvimento e mudanças de atitudes sociais está a conduzir-nos a uma nova era em que o tratamento pode sofrer alterações transformadoras.

Na arena do avanço da medicina, o futuro da terapia da saúde mental mostra-se promissor e perplexo em igual medida. A medicação psiquiátrica tradicional apresenta frequentemente uma abordagem de "tamanho único" que ignora a bioquímica única de cada indivíduo. No entanto, o aparecimento da farmacogenómica, que estuda como os genes afetam a resposta de uma pessoa aos medicamentos, pode permitir regimes de medicação personalizados, aumentando a sua eficácia e minimizando os efeitos adversos.

A psicoterapia também está a assistir a uma mudança radical. A terapia cognitivo-comportamental, a terapia dialética comportamental e outras abordagens baseadas em provas continuam a ser aperfeiçoadas e alargadas. A integração de práticas orientais de atenção plena nos remédios representa um alargamento adicional do nosso conjunto de ferramentas terapêuticas. As plataformas digitais estão a revolucionar a entrega de uma cura, tornando-a acessível a quem se encontra em áreas remotas ou a quem prefere o anonimato da interação "online".

As terapias emergentes estão a alargar os limites da nossa compreensão. A terapia psicadélica assistida, que envolve substâncias como a psilocibina e a 3,4-metilenodioximetanfetamina (MDMA), está a reentrar no discurso científico após décadas de estigma cultural e restrições legais. Os primeiros ensaios clínicos sugerem o seu potencial para o tratamento de doenças como a perturbação de "stress" pós-traumático (PSPT), a depressão e a ansiedade, embora seja necessária mais investigação para estabelecer plenamente a segurança e a eficácia.

Novos remédios neurotecnológicos, como a estimulação magnética transcraniana e a estimulação cerebral profunda, também estão a ganhar terreno. Embora estas técnicas ainda estejam a dar os primeiros passos e apresentem riscos, são promissoras para doenças resistentes aos tratamentos convencionais.

Porém, no meio destes avanços científicos, não podemos perder de vista o elemento humano. O bem-estar mental não é a ausência de doença, mas a presença de bem-estar. Por conseguinte, as abordagens holísticas e integradoras que têm em conta o estilo de vida, o contexto sociocultural e os pontos fortes individuais irão provavelmente ganhar proeminência. À medida que a nossa compreensão social da saúde mental evolui, poderemos assistir a uma mudança no sentido da prevenção e da intervenção precoce, em vez de nos limitarmos à medicação.

Além disso, o futuro do tratamento da saúde mental deve abordar as desigualdades sistémicas que limitam o acesso aos cuidados. Os avanços tecnológicos só podem fazer uma diferença significativa se forem acessíveis e não perpetuarem as disparidades existentes em termos de aptidão física. A viagem em direção ao futuro do tratamento da saúde mental está repleta de possibilidades e desafios. À medida que percorremos este caminho, temos uma dupla responsabilidade - permanecer abertos à inovação e manter o nosso empenho em cuidados éticos e baseados em provas. No domínio da saúde mental, o nosso objetivo não é apenas a descoberta científica, mas a compreensão humana, a compaixão e a cura.

Ensaio 26

O Fosso Crescente entre Ricos e Pobres

Na dramática narrativa da desigualdade económica, a divisão entre os que têm e os que não têm emergiu como um conflito insidioso e persistente. A crescente disparidade entre ricos e pobres, longe de ser uma questão periférica, é uma fissura que atravessa o coração da sociedade contemporânea.

A dinâmica da acumulação de riqueza e da disparidade de rendimentos é muito clara. A geração de riqueza, num mundo ideal, deveria ser uma maré que levantasse todos os barcos. No entanto, a realidade atual é mais parecida com um geiser que se acumula no topo. Um pequeno segmento da sociedade está a acumular riqueza a um ritmo sem precedentes, enquanto uma parte substancial continua a debater-se com a estagnação dos rendimentos e o aumento das despesas de subsistência.

As razões para esta disparidade são múltiplas e complexas, entrelaçando os fios da globalização, da tecnologia, das políticas fiscais e dos preconceitos sistémicos. A globalização dos mercados de trabalho, por exemplo, conduziu muitas vezes a um "nivelamento por baixo", com as empresas multinacionais a procurarem as remunerações mais baixas, suprimindo o crescimento dos rendimentos dos trabalhadores.

Os avanços tecnológicos criaram uma faca de dois gumes. Embora a economia digital gere imensa riqueza para os que estão na vanguarda, também pode contribuir para a deslocação de postos de trabalho e para a disparidade salarial, com a automatização a afetar os empregos com salários mais baixos.

As políticas fiscais também desempenham um papel importante. As estruturas fiscais regressivas, em que a carga fiscal é mais pesada para os pobres do que para os ricos, podem exacerbar a desigualdade de rendimentos. A tributação progressiva, em que os ricos são tributados a taxas mais elevadas, pode servir como instrumento de redistribuição salarial, se for corretamente aplicada.

As consequências deste fosso crescente vão para além das dificuldades individuais. A desigualdade pode asfixiar o crescimento económico, alimentar a agitação social e minar as instituições democráticas. Além disso, perpetua um ciclo de desvantagens, uma vez que os que nascem na pobreza enfrentam obstáculos no acesso a uma educação de qualidade, a cuidados de saúde e a oportunidades de mobilidade ascendente.

A resolução deste fosso crescente exige uma abordagem consertada e multifacetada. Há uma necessidade premente de rever as nossas estruturas fiscais e leis laborais, assegurando que promovem a equidade e a mobilidade económica. Os investimentos na educação e no desenvolvimento de competências também podem ajudar a preparar as pessoas para as oportunidades e os desafios da economia digital. Inclusive, para amortecer os efeitos das transições económicas, é necessário criar redes de segurança social sólidas.

O desequilíbrio crescente entre ricos e pobres é um espelho que reflete os nossos valores e decisões sociais. Leva-nos a questionar o tipo de sociedade que queremos criar - uma sociedade definida por clivagens acentuadas ou uma sociedade marcada pela prosperidade partilhada. Enquanto nos debruçamos sobre esta questão, faríamos bem em recordar que os sistemas económicos não são forças da natureza, mas construções humanas passíveis de mudança. Está nas nossas mãos colmatar este fosso e, ao fazê-lo, construir um mundo justo e inclusivo.

Ensaio 27
O Impacto da Automatização na Desigualdade de Rendimentos

A marcha incessante da tecnologia trouxe-nos para a era da automatização, uma época em que as máquinas, os algoritmos e a inteligência artificial estão a redefinir os contornos do trabalho. O impacto desta mudança de paradigma é vasto e multifacetado, mas um aspeto que merece especial atenção é o papel da automatização na narrativa da desigualdade de rendimentos.

Na sua essência, a informatização é um processo de substituição. As máquinas e os algoritmos são introduzidos para realizar tarefas anteriormente efetuadas pelo trabalho humano. Embora isto aumente certamente a eficiência e a produtividade, também desloca o trabalho humano, o que pode aumentar o fosso da desigualdade de rendimentos. O impacto desta situação não é homogéneo em todo o espetro de trabalhadores. Afeta de forma desproporcionada os empregos de rotina intensiva, empregos que se situam frequentemente no extremo inferior da escala salarial. Quer se trate do operário de uma fábrica cuja função foi substituída por uma linha de montagem informatizada ou do funcionário de introdução de dados cujo trabalho foi tornado redundante por um "software" inteligente, os indivíduos que resistem à mecanização encontram-se frequentemente nos limites precários da estrutura económica.

A automatização traz benefícios substanciais para os detentores de capital - aqueles que investem, desenvolvem e aplicam estas tecnologias. As poupanças de custos e os ganhos de eficiência daí resultantes são consideráveis, aumentando os lucros e, consequentemente, os rendimentos dos detentores de capital. A automatização provocou um fosso entre os que dela beneficiam e os que não beneficiam, o que está a agravar a desigualdade de rendimentos.

Adicionalmente, pode ter um efeito polarizador no mercado de trabalho. Poderá levar a uma erosão dos empregos de qualificações médias, ao mesmo tempo que aumenta a procura de funções pouco qualificadas e altamente qualificadas. Este fenómeno, conhecido como "polarização do emprego", pode causar um mercado de trabalho "esvaziado", com mais empregos nos extremos do espetro de competências (e, consequentemente, de salários), alimentando ainda mais a desigualdade de rendimentos.

Abordar o papel da automação na desigualdade de rendimentos implica estratégias ponderadas e de iniciativa. As iniciativas de atualização e requalificação profissional podem ajudar os trabalhadores na transição para novas funções numa economia automatizada. Os regimes de proteção social, incluindo os subsídios de desemprego e os programas de reconversão profissional, são também cruciais para amortecer o impacto nos trabalhadores deslocados. Para atenuar os efeitos díspares da automatização, a aplicação de políticas que garantam uma distribuição mais razoável das suas vantagens, como a tributação progressiva ou os regimes de participação nos lucros, pode ser benéfica.

À medida que avançamos na era da automatização, temos de reconhecer a possibilidade de esta agravar a desigualdade de rendimentos. Cabe-nos a nós, enquanto sociedade, moldar a narrativa da automatização para garantir que esta se torna um instrumento de prosperidade alargada e não um catalisador de dispa-ridades. Ao colocarmos as pessoas no centro da nossa resposta à industrialização, podemos esforçar-nos por construir uma economia inclusiva em que a tecnologia sirva de facilitador e não de divisor.

Ensaio 28

Desigualdade de Rendimentos e Disparidades na Saúde

Ao navegarmos pelas paisagens socioeconómicas do século XXI, deparamo-nos com um paradoxo intrigante, mas alarmante. O progresso tecnológico, o desenvolvimento económico e os avanços médicos tornaram-nos mais prósperos e mais saudáveis do que nunca. No entanto, por detrás deste verniz de progresso, existe uma dicotomia gritante - a desigualdade de rendimentos e as disparidades na saúde persistem e, em muitos aspetos, estão a aumentar.

A desigualdade de rendimentos não é apenas uma questão de equidade ou de justiça social. Tem impactos de grande alcance, nomeadamente na saúde. A investigação estabeleceu uma forte correlação entre os níveis de rendimento e os resultados em matéria de sa-

úde. As pessoas com rendimentos mais baixos supor-
tam frequentemente mais problemas de saúde, desde
doenças crónicas a problemas de saúde mental.

Uma das principais razões para esta disparidade é o
acesso desigual aos cuidados de saúde. As pessoas
economicamente mais favorecidas têm um melhor
acesso a cuidados médicos de qualidade, a serviços
preventivos e a diagnósticos precoces, o que resulta
em melhores resultados em termos de bem-estar. Pelo
contrário, as pessoas com salários mais baixos, na ausência de assistência médica pública abrangente ou
de um seguro de saúde acessível, podem adiar ou re-
nunciar aos cuidados de saúde necessários, o que con-
duz a piores resultados em termos de saúde.

Para além da disponibilidade de cuidados de saúde, a
desigualdade de rendimentos tem efeitos indiretos na
saúde. É provável que os indivíduos com menos rendimentos vivam em bairros com acesso limitado a alimentos saudáveis, menos oportunidades de atividade
física e maior exposição a toxinas ambientais, o que
pode afetar negativamente a sua saúde. O "stress" e a
insegurança financeira, que são mais frequentes nos
grupos com menores rendimentos, também contri-
buem para resultados adversos em termos de saúde,
incluindo problemas de saúde mental.

Estas disparidades em matéria de saúde, numa cruel ironia, podem perpetuar o ciclo da desigualdade de rendimentos. Uma saúde precária pode limitar o sucesso escolar e as perspetivas de emprego, conduzindo a rendimentos mais baixos ao longo da vida. Este ciclo negativo de pobreza não é apenas uma tragédia pessoal; representa também uma perda de potencial humano socialmente.

A resolução destas disparidades exige uma abordagem multifacetada que ultrapassa o sector dos cuidados médicos. Esta abordagem implica políticas sociais destinadas a reduzir a desigualdade de rendimentos, incluindo uma tributação progressiva, uma rede de segurança social sólida e investimentos na educação e na habitação a preços acessíveis. As políticas de saúde devem abordar o acesso à assistência médica acessível e de qualidade e os determinantes sociais da saúde.

Em resumo, a intersecção entre a desigualdade de rendimentos e as disparidades na saúde é uma questão complexa que exige uma abordagem integrada e multissectorial. Desafia-nos não só a tratar os sintomas de problemas de saúde, mas também a confrontar as determinantes sociais subjacentes.

Ensaio 29

Soluções Políticas para Combater a Desigualdade de Rendimentos

A questão da desigualdade de rendimentos é hoje uma questão importante na nossa sociedade. Com um fosso de riqueza que só parece estar a aumentar, tornou-se vital para procurarmos soluções que possam ajudar a mitigar esta situação global.

Esta questão deve ser abordada de vários ângulos. Para começar, o sistema fiscal é um instrumento importante para resolver a questão da disparidade salarial. Um sistema de tributação progressivo, em que os ricos são tributados a uma taxa mais elevada do que os menos abastados, pode ajudar a distribuir a riqueza de forma mais equitativa. No entanto, é fundamental executar esta política de forma judiciosa, garantindo que não desincentiva a produtividade económica nem desencoraja o investimento.

As políticas do mercado de trabalho também desempenham um papel fundamental no combate à desigualdade de rendimentos. Um aumento substancial do salário mínimo, associado ao reforço dos direitos de negociação coletiva, poderia contribuir muito para garantir que os trabalhadores de todos os sectores recebam um salário justo que corresponda ao custo de vida. As disparidades salariais entre homens e mulheres e entre raças devem ser enfrentadas, apoiando um compromisso de salário igual para trabalho igual.

O papel do governo na prestação de serviços públicos abrangentes e de qualidade não pode ser subestimado. O investimento na educação pública, por exemplo, garante que todos tenham acesso ao instrumento básico da mobilidade socioeconómica, independentemente do seu contexto financeiro. Serviços de saúde de qualidade, acessíveis a todos, são igualmente essenciais, pois não só aumentam o bem-estar dos indivíduos, como também promovem a produtividade e a produção industrial.

O acesso à habitação a preços acessíveis também deve ser uma prioridade. A gentrificação e o aumento dos preços dos imóveis conduzem frequentemente a uma situação em que os indivíduos com salários mais baixos são forçados a abandonar os seus bairros, agravando as disparidades. A promoção de políticas de habitação a preços acessíveis pode proporcionar às famílias a estabilidade e a segurança necessárias para viverem com dignidade.

É preciso olhar para além destas soluções políticas tradicionais e explorar abordagens inovadoras. O conceito de um salário básico universal, que garante um determinado montante de remuneração a todos os cidadãos, independentemente do seu estatuto profissional, está a tornar-se mais popular. Esta abordagem poderia constituir uma rede de segurança para os mais vulneráveis, garantindo que não são deixados para trás no nosso panorama económico em transformação.

Em última análise, são necessárias soluções políticas abrangentes, direcionadas e inovadoras para combater a desigualdade de rendimentos. Para promover uma sociedade em que as oportunidades não se limitem a alguns privilegiados, mas sejam um direito de todos, é importante garantir a partilha equitativa dos frutos do desenvolvimento económico. Não se trata de um imperativo económico, mas de um imperativo moral, que afirma a dignidade e o valor inerentes a cada indivíduo.

A Última Fronteira: o Espaço

Uma nova fronteira, o espaço, surge diante de nós quando olhamos para o vasto e enigmático cosmos. A extensão infinita do universo apresenta-nos oportunidades de exploração e descoberta que ultrapassam tudo o que já conhecemos. No entanto, este grande empreendimento não tem apenas a ver com o avanço da nossa compreensão do cosmos; tem igualmente a ver com o aprofundamento da nossa compreensão de nós próprios, das nossas capacidades e das nossas responsabilidades.

A exploração espacial é o derradeiro teste às nossas capacidades científicas e tecnológicas. A capacidade de atravessar o grande vazio, de aterrar em corpos celestes distantes e até mesmo de imaginar a colonização de outros planetas demonstra os avanços notáveis que fizemos na ciência e na tecnologia. Mas esta viagem, apesar de toda a sua grandeza, coloca-nos questões profundas - quais são as implicações éticas de nos aventurarmos no espaço? Como equilibramos o impulso para a descoberta com a necessidade de conservação? Que responsabilidades temos para com estes reinos do outro mundo e para com as formas de vida que lá podemos encontrar?

À medida que nos aventuramos mais longe no cosmos, temos também de voltar o nosso olhar para dentro, para a Terra a que chamamos casa. As tecnologias que nos impulsionam para o espaço podem dar resposta a desafios prementes aqui na Terra, desde as alterações climáticas à escassez de energia. Explorar o espaço, neste contexto, não é apenas aventurar-se até às estrelas, mas também preservar o planeta que nos sustenta.

A expedição ao espaço tem um potente valor simbólico. Exemplifica a curiosidade humana, a sede de conhecimento e a capacidade de se maravilhar. É um farol de esperança e um lembrete de que somos capazes de feitos extraordinários. E talvez seja um apelo à unidade. Os desafios da exploração espacial exigem cooperação internacional e uma partilha coletiva de recursos e conhecimentos. Neste esforço partilhado, encontramos um poderoso antídoto para as divisões que muitas vezes nos atormentam na Terra.

Nos debates que se seguirão, aprofundaremos as possibilidades e os desafios da exploração espacial. Examinaremos os avanços tecnológicos que impulsionam esta viagem, refletiremos sobre os dilemas éticos que ela apresenta e exploraremos os potenciais benefícios para o nosso planeta e para a nossa espécie. A viagem ao espaço, como todos os grandes empreendimentos, está repleta de incertezas e riscos.

Ensaio 30

A Nova Era Espacial e a Colonização de Marte

No momento em que nos encontramos no precipício da nova era espacial, o nosso olhar é atraído para o planeta vermelho Marte, que emerge na nossa imaginação coletiva como a próxima fronteira para a exploração humana e talvez para a colonização. É nossa responsabilidade examinar as principais questões que afetarão este empreendimento.

A perspetiva de uma colonização de Marte está impregnada de uma mistura de curiosidade científica, triunfo tecnológico e necessidade existencial. Com a Terra a debater-se com as alterações climáticas e o excesso de população, Marte apresenta-se como um potencial "Plano B". Contudo, é crucial reconhecer que a viagem para tornar Marte habitável está repleta de imensos desafios.

Do ponto de vista tecnológico, os obstáculos são substanciais, embora não intransponíveis. Temos de desenvolver tecnologias de propulsão mais avançadas para reduzir o tempo de viagem, conceber formas de proteger os astronautas da radiação durante a viagem e estabelecer "habitats" autossustentáveis que possam fornecer água, alimentos e ar respirável no inóspito ambiente marciano.

O objetivo da colonização de Marte também apresenta uma grande variedade de oportunidades científicas. A história geológica e climática do planeta pode ser a chave para compreender a natureza da evolução planetária e a possibilidade de vida extraterrestre. O domínio das tecnologias necessárias poderá também ter repercussões na Terra, desde os avanços na reciclagem e na produção de energia até à ciência dos materiais.

No entanto, para além destas considerações práticas, existe um conjunto de questões éticas e políticas que exigem a nossa atenção. Quem governará uma colónia de Marte? Como vamos garantir que a exploração dos recursos de Marte não reflete as injustiças históricas do passado colonial da Terra? Estas questões invocam a necessidade de regulamentos e acordos internacionais que assegurem a utilização pacífica, justa e sustentável dos recursos extraterrestres.

Além disso, temos de considerar as implicações da colonização de Marte para a identidade da nossa espécie. Se nos tornarmos uma espécie interplanetária, como esta mudança afetará as nossas perceções de nacionalidade, raça ou religião? Como a narrativa da história humana será alterada? As respostas a estas perguntas minuciosas determinarão o nosso futuro de formas que dificilmente podemos imaginar.

Em suma, a colonização de Marte é mais do que um feito de engenharia. No entanto, temos de garantir que a sabedoria, e não a arrogância, orienta este empreendimento arrojado num espírito de destino partilhado, e não de estreito interesse próprio. Ao zarparmos para um novo mundo, levemos connosco o melhor da humanidade.

Ensaio 31
Considerações Éticas sobre a Exploração Espacial

Atravessando a extensão das costas cósmicas, a nossa viagem ao espaço não é apenas uma exploração do cosmos, mas também um exame da nossa bússola ética e moral. Ao explorarmos a galáxia, temos de nos confrontar com considerações humanas e moldar um quadro moral adequado à nossa era interestelar.

O próprio ato de exploração galáctica, ao mesmo tempo que significa o triunfo do engenho humano, provoca um debate significativo na vertical. Não se pode fugir à questão: devemos nós, enquanto espécie, investir enormes recursos em expedições planetárias quando esses fundos poderiam aliviar o sofrimento e as dificuldades no nosso planeta natal? Este dilema encerra o enigma clássico das necessidades imediatas contra a visão a longo prazo. Embora seja essencial resolver os problemas terrestres, é crucial investir na exploração espacial, que promete imensos dividendos científicos, tecnológicos e existenciais.

O respeito pela vida e pelos ambientes extraterrestres é outro aspeto fundamental da referida exploração. Quaisquer formas de vida, mesmo microbianas, encontradas para além da Terra merecem o nosso respeito e proteção. Temos de nos debruçar sobre as implicações adequadas da proteção planetária, tanto para proteger outros mundos da contaminação pela vida terrestre como para preservar o nosso planeta de possíveis riscos biológicos extraterrestres.

Depois, há a questão da exploração dos recursos espaciais. Com a perspetiva de exploração de asteroides e outros corpos celestes a tornar-se uma realidade viável, coloca-se a questão: a quem pertence o espaço? Qualquer pressa em reclamar a recompensa do cosmos arrisca-se a repetir as desigualdades históricas do colonialismo. Para as viagens espaciais, deve haver um acordo universal que considere o espaço e os seus recursos como património comum da humanidade, garantindo uma distribuição justa e práticas sustentáveis.

As considerações sobre a colonização humana de outros planetas são enormes. Se alterarmos outros planetas para se adaptarem às necessidades humanas – um processo chamado terraformação – temos de ponderar a moralidade de um ato tão grandioso de manipulação ecológica. O tratamento dos colonos espaciais, os seus direitos, a governação e as estruturas sociais são assuntos de grande deliberação.

Finalmente, há a questão mais ampla, mais filosófica e ética das potenciais consequências do contacto com civilizações extraterrestres avançadas. Os resultados são imprevisíveis, com possibilidades que vão desde a coexistência pacífica e o enriquecimento mútuo até ao conflito e mesmo ao fim da civilização humana. Esta é talvez a consideração virtuosa mais profunda, exigindo uma cautela extraordinária e uma tomada de decisão coletiva.

Para alcançar as estrelas, temos também de olhar para dentro, para o nosso núcleo ético. O caminho não deve ser um trilho de marcos tecnológicos, mas uma viagem que eleve a nossa compreensão moral. As estrelas podem estar silenciosas, mas os nossos debates éticos em torno da exploração espacial continuarão a ressoar, guiando-nos para um futuro que celebra não só o sítio para onde vamos, mas também aquilo em que nos estamos a tornar.

Ensaio 32

As Implicações da Descoberta
de Vida Extraterrestre

No grande teatro cósmico, a questão da vida extraterrestre cativou a curiosidade humana durante séculos. Se um dia validarmos a sua existência, esta descoberta terá implicações profundas para a ciência, a filosofia e a nossa autoconceção coletiva.

De uma perspetiva científica, a descoberta de vida extraterrestre alargaria as fronteiras da ciência biológica. Seria uma afirmação categórica da equação de Drake, que procura estimar o número potencial de civilizações com as quais poderíamos comunicar na nossa galáxia. A biologia entraria numa nova época, encarregada de estudar a bioquímica, a evolução e a ecologia dos organismos extraterrestres. Além disso, esta descoberta iria afirmar ou repudiar a teoria da panspermia - a hipótese de que a vida na Terra foi "semeada" a partir do espaço.

Filosoficamente, a existência de vida para além do nosso planeta obrigar-nos-ia a redefinir a nossa compreensão do significado e do objetivo da vida. Seguir-se-ia uma humilhação existencial, diminuindo o nosso "conceito geocêntrico" e reforçando a nossa insignificância cósmica. Os nossos sistemas de fé, profundamente enraizados em narrativas centradas na Terra, enfrentariam questões profundas e talvez se encontrassem à beira de um salto evolutivo ou de uma crise, exigindo a reinterpretação de textos e doutrinas antigos.

As implicações sociais são de grande alcance. Uma tal revelação poderia catalisar um novo sentido de unidade global, ou "identidade terrestre", melhorando a nossa perceção da família humana coletiva. Como o distinto cosmólogo Carl Sagan observou uma vez, a descoberta de vida extraterrestre poderia servir como um "espelho" através do qual a humanidade se poderia ver a si própria de uma nova perspetiva.

Temos de considerar as potenciais implicações negativas. A descoberta pode causar angústia pública, provocar receios do desconhecido ou mesmo incitar a conflitos sobre a forma de interagir com estas entidades extraterrestres. A história do contacto humano com "os outros", sejam eles culturas ou espécies desconhecidas, está repleta de exploração e conflito - um passado sombrio que devemos ter o cuidado de não repetir à escala cósmica.

A perspetiva da inteligência extraterrestre levanta questões ainda mais significativas. Devemos tentar comunicar e, em caso afirmativo, o que devemos dizer? Quem é que representa a Terra neste diálogo interestelar? E se eles forem muito mais avançados? Enfrentaríamos a subjugação ou a extinção, ou poderíamos beneficiar da sua sabedoria?

Em conclusão, a descoberta da existência de extraterrestres alteraria irrevogavelmente o lugar da humanidade no cosmos, abrindo um novo capítulo na nossa compreensão científica, discurso filosófico e evolução social. Este acontecimento seria um testemunho do nosso espírito aventureiro e da nossa curiosidade insaciável - um momento que mudaria para sempre a nossa visão dos céus e da vida lá em baixo.

Reflexões sobre Temas Atuais que Moldam a Humanidade

Ao observarmos a vasta tela da nossa era, destacam-se alguns temas vibrantes, cujas tonalidades definem o espetro da experiência humana contemporânea. Estes temas, que abrangem os domínios da tecnologia, da sociologia, da ética e do ambiente, estão intrinsecamente interligados, refletindo a complexidade caraterística da nossa narrativa global partilhada.

No domínio da tecnologia, o advento e a aceleração da Inteligência Artificial e da engenharia genética marcaram indelevelmente a nossa época. A promessa da IA, que coroa a revolução digital, suscita tanto possibilidades excitantes de progresso social como preocupações inquietantes sobre a relevância humana num mundo de máquinas. A engenharia genética, por outro lado, traz a perspetiva tentadora de derrotar doenças e melhorar as nossas capacidades biológicas. No entanto, também levanta preocupações profundas, desafiando as nossas noções de identidade, igualdade e a própria essência do ser humano.

Os temas sociais e éticos estão interligados com estas mudanças tecnológicas. O fosso digital e a automatização exacerbaram ainda mais a desigualdade de rendimentos, uma praga persistente na nossa consciência coletiva. A luta permanente pela justiça social, que atravessa as complexidades de raça, género e classe, continua tão crítica hoje como sempre foi. No meio destes desafios, temos de lidar com as ramificações dos nossos avanços científicos e com a responsabilidade partilhada que temos em assegurar a sua utilização justa.

O espetro das alterações climáticas, sem dúvida a ameaça existencial mais potente que enfrentamos, põe em evidência a nossa relação com o ambiente. Enquanto lidamos com as repercussões dos nossos erros passados, estamos também a considerar uma nova ligação com o universo através da colonização de Marte e da exploração espacial. Ambos os objetivos sublinham as características humanas por excelência de adaptabilidade e exploração, ao mesmo tempo que sublinham a urgência da nossa gestão ambiental.

O tema da saúde mental, que é agora amplamente aceite como um aspeto crítico do bem-estar holístico, é um testemunho da nossa crescente compreensão da complexidade humana. Desde as estruturas sociais que afetam o nosso bem-estar mental até ao papel das nossas vidas digitais, a proeminência da saúde mental enquanto discurso é um sinal de progresso na nossa empatia e autoconsciência coletivas.

Por último, a busca contínua de vida extraterrestre simboliza a nossa procura intemporal de compreensão da grande narrativa cósmica e do nosso lugar nela. A nossa curiosidade natural e o nosso sentido de maravilha continuam a moldar as nossas perspetivas filosóficas e científicas, encorajando-nos a considerar a nossa existência partilhada e a nossa unidade universal.

A nossa exploração destes temas e das suas implicações é feita com um sentido de humildade e um otimismo cauteloso. À medida que navegamos nestas correntes, moldamos coletivamente o nosso presente e o nosso futuro, embarcando numa viagem que é simultaneamente excitante e assustadora, gratificante e desafiante, humilhante e fortalecedora.

A Interligação dos Temas Explorados

Os temas dissecados nos capítulos anteriores, embora díspares por natureza, revelam, após um exame mais atento, uma vasta teia interligada. São fios no tecido da nossa existência coletiva, com as suas harmonias e discórdias a moldar a sinfonia da narrativa humana.

Tomemos, por exemplo, a relação simbiótica entre o avanço tecnológico e a desigualdade social. Embora os avanços na inteligência artificial e na automação anunciem um futuro de produtividade e inovação sem precedentes, também exacerbam, paradoxalmente, a divisão entre as classes socioeconómicas. À medida que os empregos automatizam-se, o fosso entre ricos e pobres aumenta, pintando um quadro preocupante de prosperidade que coexiste com a miséria.

Do mesmo modo, a intersecção entre o bem-estar psicológico e a nossa vida digital ilumina outra faceta desta intrincada tapeçaria. Os meios de comunicação social, valorizados pela sua capacidade de ligar as pessoas em todo o mundo, intensificaram involuntariamente os sentimentos de solidão e de inadequação, pondo em evidência a contradição do nosso progresso tecnológico. A necessidade de redefinir o sucesso e a produtividade é urgente no local de trabalho, devido à pressão para o desempenho num ambiente altamente competitivo, que agrava os problemas de saúde mental.

As ondas da desigualdade de rendimentos, ampliadas pela disparidade tecnológica, também tocam as margens das disparidades na saúde. O fosso entre ricos e pobres estende-se para além dos recursos financeiros, penetrando nos domínios da saúde e da longevidade. Numa era definida por avanços médicos, a ironia cruel é que o acesso a esses avanços depende muitas vezes da riqueza, um reflexo pungente das nossas estruturas sociais.

A nossa exploração do espaço e a procura de vida extraterrestre não são empreendimentos isolados. Refletem as nossas aspirações, a nossa necessidade de exploração e o insaciável espírito humano de descoberta. No entanto, também põem em evidência a nossa relação com o nosso planeta natal, uma chamada de atenção oportuna no meio das alterações climáticas e um apelo à gestão, mesmo quando alcançamos as estrelas.

Depois, há considerações que atravessam vários temas. Desde a ética da edição de genes até à da colonização espacial, as nossas bússolas morais são constantemente testadas. Estamos numa encruzilhada em que o progresso científico se cruza com a obrigação ética, obrigando-nos a reconsiderar os nossos valores e a traçar o caminho para o nosso destino comum.

À medida que exploramos cada tema mais profundamente, tornamo-nos mais conscientes da sua interligação, salientando a importância de soluções abrangentes que tenham em conta estas interdependências. Porque só através dessa compreensão podemos esperar enfrentar estes desafios multifacetados, moldando um futuro que respeite o intrincado equilíbrio entre progresso e equidade, inovação e ética, descoberta e responsabilidade.

Um apelo à ação para enfrentar estes desafios

Perante estes numerosos desafios, seria fácil sucumbir a um sentimento de desânimo avassalador. No entanto, a história tem demonstrado repetidamente que a maior força da humanidade reside na nossa capacidade de adaptação, inovação e perseverança face à adversidade. Temos de voltar a reunir esta resiliência e direcioná-la para soluções abrangentes.

Em primeiro lugar, temos de trabalhar no sentido de desenvolver diretrizes adequadas para o avanço tecnológico. O ritmo atual da inovação ultrapassa de longe a nossa capacidade de legislar sobre as suas implicações éticas. Quadros éticos robustos devem acompanhar a crescente prevalência das tecnologias de edição de genes e de inteligência artificial. Isto exige um esforço consertado dos cientistas, dos especialistas em ética, dos decisores políticos e da sociedade em geral para promover um diálogo que respeite a inovação científica, dando simultaneamente prioridade à dignidade humana e à equidade.

Paralelamente, temos de abordar o fosso da desigualdade social e económica que ameaça aprofundar-se com o avanço da tecnologia. A redistribuição da riqueza e dos recursos não é apenas um imperativo moral, mas também um imperativo pragmático. Temos de trabalhar para criar sistemas fiscais progressivos, investir na educação e na requalificação profissional e promover políticas que fomentem a mobilidade social e a igualdade de rendimentos. Uma abordagem inclusiva garantirá que os frutos do nosso progresso sejam partilhados, contribuindo para a estabilidade da sociedade.

A epidemia silenciosa da saúde mental requer a nossa atenção imediata. Temos de promover uma mudança cultural que valorize a saúde mental a par da saúde física, combater o estigma e disponibilizar recursos de saúde mental acessíveis.

Incentivar a utilização responsável na era digital exige que as plataformas incorporem funcionalidades que deem prioridade à saúde mental dos utilizadores. As organizações devem promover ambientes que valorizem o bem-estar dos funcionários, criando uma cultura que compreenda as pressões do local de trabalho moderno e forneça mecanismos de apoio.

É crucial que abordemos a nova era da exploração espacial com um sentido de responsabilidade. A perspetiva de colonização de Marte e a potencial descoberta de vida extraterrestre suscitam novas considerações éticas. À medida que nos esforçamos por alcançar as estrelas, devemos respeitar todas as formas de vida e atuar de forma responsável como guardiões do universo.

Mais importante ainda, a nossa abordagem a estes desafios deve ser holística. Os temas que explorámos estão intrinsecamente ligados, um microcosmo do mundo complexo em que vivemos. Soluções isoladas não serão suficientes num mundo em que as fronteiras entre a tecnologia, a sociedade e os indivíduos são cada vez mais ténues. Precisamos de estratégias abrangentes e interdisciplinares que reconheçam esta interligação.

Os desafios que temos pela frente são monumentais, mas não intransponíveis. Com uma vontade coletiva, responsabilidade ética e uma visão inclusiva do progresso, podemos navegar nesta intrincada tapeçaria, moldando um futuro em que a inovação prospere, a equidade seja defendida e a dignidade humana esteja no centro do nosso progresso. Este é o nosso apelo à ação. Levantemo-nos para o cumprir.

Observações Finais

Quando olhamos para o futuro da humanidade, vemos um horizonte que transborda de complexidade, oportunidades e paradoxos. Vivemos numa época de proezas tecnológicas sem paralelo, que prometem soluções para problemas que têm atormentado a humanidade durante séculos. No entanto, estes avanços, por mais maravilhosos que sejam, também lançam longas sombras que não devemos ignorar.

Ao longo desta exploração, tornou-se claro que a humanidade está entrelaçada numa dança dinâmica com a tecnologia. Desde os contornos da nossa saúde mental, passando pela forma das nossas estruturas sociais, até à potencial colonização de outros planetas, a tecnologia desempenha um papel fundamental. Não se trata de um maestro omnipotente, mas de um instrumento que manejamos. E, como todas as ferramentas, o seu impacto - positivo ou negativo - reflete as mãos que a seguram.

Temos de nos lembrar que, por detrás das estatísticas da desigualdade, por detrás do ecrã das redes sociais e para além da ciência da engenharia genética, existem histórias humanas - narrativas de indivíduos e comunidades que navegam nestes tempos turbulentos. Este é o coração do nosso discurso - o elemento humano. Temos de garantir que o turbilhão do progresso não varra a essência da nossa humanidade partilhada.

A nossa viagem através destes tópicos não teve como objetivo prever o futuro com uma precisão infalível, pois tal façanha está fora do alcance mesmo das mentes mais profundas. O nosso objetivo foi lançar luz sobre as tendências que afetam o nosso destino coletivo e encorajar um diálogo mais abrangente. O caminho que temos pela frente não é um caminho predestinado, mas sim um trilho que traçamos com as nossas ações, decisões e, acima de tudo, com os nossos valores.

A nossa história ainda não está escrita, e é aí que reside a nossa maior esperança. Devemos desempenhar um papel ativo na construção do nosso futuro, em vez de nos limitarmos a observar de fora. Ao reconhecer e enfrentar os desafios que temos pela frente e ao estarmos conscientes da interconexão das nossas ações, estamos a dar os primeiros passos para dirigir o curso do nosso destino comum.

Não se trata de uma história de desgraça inevitável ou de utopia garantida, mas sim de um apelo a uma ação consciente e determinada. À medida que nos aproximamos de uma transformação significativa, façamos escolhas orientadas tanto pelo progresso como pelos valores humanos de empatia, equidade e gestão ética. Que o nosso progresso não seja definido apenas pela distância que alcançamos, mas também pela profundidade com que vemos, pela amplitude com que abraçamos e pela sabedoria com que atuamos.

Ao encerrarmos este capítulo, lembrem-se de que a parte mais importante desta narrativa continua por ser escrita. E os autores desse capítulo são o leitor e nós - todos juntos. Ao avançarmos para o futuro, façamo-lo com consciência, com coragem e, acima de tudo, com esperança. As nossas aspirações partilhadas e sonhos coletivos moldarão o destino da humanidade, forjando um caminho para um futuro notável.

Glossário

aprendizagem automática (AA). Inteligência artificial adaptativa, que designa um tipo de IA capaz de se adaptar e melhorar o seu desempenho com base na experiência e na aprendizagem.

automação do trabalho. A utilização de máquinas automatizadas para executar tarefas tradicionalmente efetuadas por seres humanos.

automatização. O desenvolvimento e a utilização de tecnologias para gerar e distribuir bens e serviços com um envolvimento humano limitado.

biotecnologia. A aplicação de sistemas e organismos vivos no desenvolvimento e produção de produtos.

"blockchain". Um livro de registo digital publicamente disponível e ordenado no tempo para documentar transações.

cibersegurança. Proteção de sistemas, redes e programas contra intrusões digitais.

colonização de Marte: A hipotética habitação e exploração humana do planeta Marte.

combustíveis fósseis. Recursos ricos em energia gerados pela decomposição de matéria orgânica ao longo do tempo geológico.

computação quântica. Aproveitamento do comportamento coletivo dos estados quânticos, como a sobreposição, a interferência e o emaranhamento, para efetuar cálculos.

desigualdade de renda. Distribuição desproporcional de rendimentos, destacando a repartição desigual dos rendimentos dos agregados familiares ou dos indivíduos numa economia.

doenças zoonóticas. Doenças que se propagam dos animais para os seres humanos.

economia do conhecimento. Designa uma economia que prospera com base na quantidade, qualidade e acessibilidade da informação digital, em vez dos meios de produção convencionais.

edição de genes. Modificação direcionada do ADN num local específico do plano genético de um organismo.

encriptação. O método pelo qual a informação é convertida num código secreto que oculta o verdadeiro significado da informação.

energia renovável. Recolha de energia a partir de recursos renováveis que se renovam naturalmente num período humano.

exploração espacial. Descobrir e explorar estruturas celestes utilizando tecnologia espacial em desenvolvimento contínuo.

extração de dados. O processo de descoberta de padrões e conhecimentos a partir de grandes quantidades de dados.

fotónica. A ciência física e a aplicação da luz.

gases com efeito de estufa. Gases atmosféricos que retêm o calor, provocando o efeito de estufa e a escalada do aquecimento global. Exemplos notáveis incluem o dióxido de carbono e o metano.

globalização. A interconexão e integração de indivíduos, empresas e governos em todo o mundo.

inteligência artificial (IA). A emulação de processos de inteligência humana por máquinas, nomeadamente sistemas informáticos.

mudança climática. Mudanças prolongadas na temperatura global, precipitação, padrões de vento e outras métricas climáticas.

nanotecnologia. Manipulação atómica e molecular, destacando o controlo e a manipulação precisos da matéria à escala atómica e molecular.

órbita. Trajetória curva causada pela atração gravitacional, destacando o caminho de um objeto quando orbita em torno de outro corpo.

privacidade de dados. O aspeto da tecnologia da informação que lida com a capacidade de um indivíduo ou organização controlar quais os dados digitais que podem ser partilhados com terceiros.

realidade virtual (VR). Uma experiência simulada que pode ser semelhante ou totalmente diferente do mundo real.

rendimento (na agricultura). A quantidade de produção por unidade de terra.

rendimento básico universal (RBI). Uma estrutura para conceder a todos os cidadãos de um país ou região geográfica uma determinada quantia de dinheiro, independentemente dos seus recursos, situação profissional ou rendimento.

saúde mental: O estado de uma pessoa no que respeita ao seu bem-estar psicológico e emocional.

tecnologia. Aplicação da ciência para obter resultados práticos.

tecnologia vestível. Dispositivos eletrónicos especificamente concebidos para serem usados no corpo, fornecendo características e capacidades avançadas.

telemedicina. Utilização de tecnologia de telecomunicações para diagnóstico e tratamento de pacientes à distância.

teletrabalho. Trabalhar a partir de casa, utilizando a Internet, o correio eletrónico e o telefone.

veículos aéreos não tripulados (VANT). Uma aeronave sem um piloto humano a bordo.

veículo híbrido. Um veículo de dupla potência que emprega tanto a tecnologia convencional do motor de combustão interna como sistemas de propulsão elétrica.

vida extraterrestre. Vida que pode existir e ter origem fora da Terra; cuja existência é ainda teórica.

xenotransplantação. O processo de transplante de células, tecidos ou órgãos de uma espécie para outra.